AF339381

SON ÉMINENCE

MONSEIGNEUR

LE CARDINAL F. DONNET,

Archevêque de Bordeaux,

Sénateur, Comte du Saint-Empire,

Grand'Croix de l'Ordre Royal de Charles III, Primat d'Aquitaine.

DEUXIÈME ÉDITION REVUE ET BEAUCOUP AUGMENTÉE.

Grâce à Dieu, le feu sacré qui animait les orateurs catholiques du grand siècle ne s'est pas éteint parmi nous, et nous constatons avec joie que, par un heureux privilége, l'éloquence chrétienne a échappé à cette déplorable décadence vers laquelle marchent avec tant de rapidité les lettres et les arts.

En présence des dangers qui menaçaient la religion et l'ordre social, les hommes chargés de faire retentir la parole divine ont senti qu'une tâche immense leur était imposée. Jamais circonstances plus critiques exigèrent-elles plus de lumières, d'intelligence et d'ardeur? Voyez plutôt... Des doctrines incohérentes, fausses, dangereuses, destructives de toute autorité, sont proclamées publiquement par des hommes qui s'érigent en réformateurs de l'ordre social. On ne recule pas devant les négations les plus audacieuses. Sous le nom de *raison* et de *progrès*, le philosophisme dessèche les cœurs. Frappés de cette situation, les saints apôtres qui ont consacré leur vie à la propagation de la parole évangélique, ont senti que leur mission s'agrandissait. Leur zèle, leur dévouement ont redoublé. Au milieu des ruines intellectuelles et morales accumulées par le scepticisme, par l'impiété, par des révolutions périodiques, ils ont tracé une route lumineuse dans laquelle les peuples peuvent marcher avec assurance et sans crainte de s'égarer.

Honneur à ces éloquents apologistes de la vérité! Les organes de la presse religieuse ne sauraient trop rendre hommage à leurs efforts. Aussi, croyons-nous accomplir un devoir sacré en parlant aujourd'hui de son éminence Monseigneur le cardinal Donnet, archevêque de Bordeaux, qui a conquis une si belle et si légitime réputation dans la chaire catholique.

Ferdinand-François-Auguste Donnet, issu

d'une famille honorable du Forez, est né le 16
novembre 1795, à Bourg-Argental, où son père
exerçait la profession de médecin. Les temps
étaient mauvais; les écoles étaient fermées
comme les églises, et ce fut sur les genoux
de sa mère, femme douée d'un tact admirable et d'une haute intelligence, qu'il fit sa première éducation. C'était un enfant aimable, vif
enjoué, annonçant les qualités les plus heureuses.
Mgr d'Aviau, archevêque de Vienne, venait d'ob-
tenir l'ouverture du collége d'Annonay ; le jeune
Ferdinand y fut placé, en sortant des mains de
l'abbé Aude, qui avait déjà cultivé avec discerne-
ment les rares facultés de son élève. C'était toujours le même caractère vif, ardent, d'autant
plus ouvert que son cœur était plus pur. Sorti
de bonne heure du collége, il alla compléter ses
études au séminaire de Saint-Irenée, à Lyon, d'où
il fut envoyé, au collége de Belley (Ain), en qua-
lité de professeur de belles-lettres. On était alors
en 1813 ; l'abbé Donnet avait dix-huit ans. Ses
élèves, presque tous ses égaux en âge, ne tardè-
rent pas à reconnaître la supériorité de son esprit,
la finesse de son tact et la justesse de son juge-
ment; aussi firent-ils de notables progrès. Ce fut
là que l'abbé Donnet eut la révélation de son talent oratoire dont il fit les premiers essais, —
essais qui furent remarqués au collége royal de

Lyon et dans lès principales institutions de cette grande ville.

A vingt-deux ans, M. Donnet obtint de Rome des dispenses d'âge, et reçut la prêtrise en 1819.

Il se montra alors sous un jour tout nouveau. La sainteté de son caractère s'enveloppa comme d'une auréole de dignité naïve qui lui attirait les cœurs. Nommé vicaire à la Guillotière, un des faubourgs les plus populeux de Lyon, il fit preuve dans tous les actes de son jeune sacerdoce d'une âme aussi intelligente que généreuse et désintéressée. Il se montra surtout ardent à soulager les pauvres : la charité, cette vertu de son enfance, avait grandi avec son âge. Sa capacité, unie à une conduite exemplaire, lui ouvrit les portes de la maison de hautes études, fondée par M. le cardinal Fesch, dans l'ancienne abbaye des Chartreux de Lyon. Là, ses talents et surtout sa bonté et sa candeur natives lui valurent l'amitié de Mgrs les archevêques d'Auch, et de Toulouse, des évêques de Verdun, de la Rochelle, de la Nouvelle-Orléans, etc.. etc., et de plusieurs prédicateurs remarquables, tels que MM. Coindre, Dufêtre, Cœur, Barricand, Deguerry et autres.

Le temps était venu pour l'abbé Donnet de commencer sa carrière apostolique. Il prêcha des missions dans plusieurs villes importantes, telles

que : Saint-Étienne, Annonay, Bourg, Villefranche, Pont-de-Vaux, Charlieu, Tournon,
Saint-Chamond, etc., etc., et obtint dans chacune
de ces villes des succès qui durent doubler son
zèle en récompensant ses efforts, car, pour lui,
un succès, c'était une conversion obtenue, une
âme sauvée au lit de la mort.

En ce temps-là, le Lyonnais était en proie à
toutes les agitations politiques. Plusieurs paroisses s'étaient insurgées ; on sait à quelle occasion.
Didier (de Grenoble) avait fait une tentative pour
proclamer Napoléon II. La commune d'Irigny
(Rhône) s'était distinguée parmi les plus exaltées
et avait porté l'effervescence jusqu'à vouloir at-
tenter aux jours de son curé, M. Rivière, qui
avait eu, aux yeux de ses paroissiens, le tort de
manifester des opinions contraires aux leurs. Il
fallut donc pourvoir au remplacement du vénérable vieillard, et le choix de l'autorité tomba sur
le jeune missionaire. Dire que M. Donnet trouva
dans la vivacité de sa foi, dans l'ardeur de sa
charité, dans l'exquisse finesse de son tact et la
parfaite couvenance de ses paroles, le moyen de
ramener la paix et la confiance au milieu d'une
population égarée, c'est faire connaître le caractère éminemment habile et conciliateur qui l'a
dirigé dans tous les actes importants de sa vie.
Il ne devait pas longtemps jouir du fruit de cette

victoire de la raison sur l'ivresse de la colère ;
Mgr l'archevêque de Tours l'appela dans son diocèse, pour y diriger les missions. C'était un honneur ; mais de combien de dangers il était entouré dans un temps où chaque robe de prêtre ex-
citait les clameurs de quelque libérâtre insulteur !
Au reste, rien ne pouvait rebuter le zèle d'un
apôtre ; il partit donc accompagné de MM. Dufêtre, Eynac, Allignol, Villecourt, Megret , Marcel,
Suchet, Nivet et Cherbonnière qu'il s'était adjoint
pour partager le fardeau du ministère qui lui
avait été imposé.

Cet apostolat dura cinq ans et restera comme
une des belles pages de la vie dévouée, active,
infatigable de Mgr l'archevêque de Bordeaux :
Cinq ans d'apostolat à travers la Touraine, le
Blésois, et plusieurs villes de l'ouest et du centre,
telles que Chinon , Vendôme, Amboise , Romorantin, Loches, Blois, Saint-Aignant, Richelieu,
Vouvray, Bourgueil , Montrésor , Montargis,
Libourne, Poitiers , etc., etc.; cinq années d'abnégation, de travaux austères, de privations sans
nombre !

Une de ses excursions dans le Blésois et la
Touraine fut signalée par un incident remarquable et qui mérite d'être rappelé. M. Donnet
prêchait pour la clôture d'une mission sur le
Mystère Auguste et touchant de la passion du Sauveur.

Il parlait du pardon des injures, des liens de fraternité qui devaient unir tous ceux qui avait été rachetés par le sang de Jésus-Christ. L'auditoire était ému jusqu'aux larmes.... des cris de repentir, de pardon, frappèrent les voûtes du temple. Mais, quand l'orateur eut cessé de parler, plusieurs personnes, mêlant assez mal à propos la politique à un sujet purement religieux, firent entendre le cri, d'ailleurs fort innocent, de *Vive le Roi*. Aussitôt M. Donnet reparut dans la chaire :

« Mes Frères, dit-il, c'est au nom du Roi des rois, mais du roi qui a dit lui-même que son royaume n'était pas de ce monde, que nous sommes venus à vous. Loin de nous donc les passions qui se rattachent aux choses de la terre, et qui voudraient y attacher une religion toute céleste. Si elle rend à César ce qui est à César, elle rend avant tout à Dieu ce qui est à Dieu. Si elle honore avec soumission les princes et les puissances, elle ne se range sous aucun des étendarts qui les divisent, mais elle élève le sien au-dessus de tous, pour y montrer unis avec la profession de sa foi le seul cri de ralliement qu'elle permette à ses enfants : *Gloire à Dieu au plus haut des cieux et paix sur la terre à tous les hommes de bonne volonté*. Vive la religion, aimons-nous comme des frères. »

Pendant tout le cours de sa mission apostolique, M. Donnet montra la même sagesse, la même prudence, et c'est ainsi qu'il se concilia les sympathies et le respect universels.

Mgr l'archevêque de Tours, voulant récompenser un zèle si intelligent, le nomma premier vicaire-général titulaire. La vertu est modeste ; l'abbé Donnet crut que cette récompense affaiblirait celle qu'il attendait de Dieu ; il refusa pour continuer au milieu de difficultés et de luttes nouvelles la pénible carrière par laquelle il avait si glorieusement débuté. Recherché avec empressement par de nombreux prélats pour prêcher les retraites pastorales de leurs diocèses, il se rendit successivement aux vœux de Mgrs de Grenoble, Nevers, Angers, Tours, Clermont, Orléans, Blois, Limoges, Dijon et Bordeaux. Partout, il obtint de brillants succès ; partout, il laissa de son caractère et de la variété de ses connaissances le plus flatteur souvenir. Cette époque marqua une phase nouvelle dans la carrière de M. Donnet. Une transformation profonde s'opéra tout à coup dans son talent. Le missionnaire énergique et ardent, que nous avons vu jusqu'ici frapper, subjuguer la multitude, par l'éclat de la parole, par le prestige des moyens extérieurs, par les inspirations de la foi, sut donner à son éloquence un autre caractère et révéler toutes les ressources d'un théologien profond, d'un dialecticien pressant et vigoureux. Ses discours substantiels, où une érudition solide s'unissait à des considérations de l'ordre le plus élevé, produisirent la plus vive impression sur l'auditoire d'élite auquel ils s'adressaient.

Ce fut alors qu'il fonda, à Blois, l'*OEuvre des pauvres orphelines*, dont l'expérience a prouvé toute l'utilité. Il créa ensuite à Vendôme, Romorantin, Richelieu, Saint-Aignant, ainsi qu'à Blois, l'*OEuvre des Bons-Livres*, destinée à répandre gratuitement des livres où la religion, la littérature et les arts se prêteraient un mutuel appui.

Cependant, la réputation de M. Donnet s'était agrandie ; son nom était devenu populaire ; il comptait parmi les orateurs chrétiens les plus distingués de France. Mgr de Pins, archevêque-administrateur du diocèse de Lyon, le rappela et le nomma à la cure de Villefranche, chef-lieu d'arrondissement du département du Rhône.

On était en 1827. L'activité d'esprit de M. Donnet prit alors une direction différente, et les habitants de Villefranche garderont longtemps le souvenir de son séjour au milieu d'eux. Son nom est béni dans cette ville, où il n'a passé quelques années que pour y semer les bienfaits à pleines mains. Il était installé depuis un an à peine, lorsqu'une trombe inonda subitement la ville. Il faisait nuit et les rues étaient envahies. M. Donnet monte à cheval et affronte le désastre. Il est assez heureux pour sauver un vieillard et un enfant ; puis il organise les secours, va, au péril de sa vie, lever des pelles d'un moulin et sauve ainsi une partie de la ville. Quelques jours après, un incendie éclate ; M. Donnet brave une seconde fois le danger, se met à la tête de quelques habitants et se rend maître du feu.

Cet incendie lui fit naître l'idée de créer une compagnie de sapeurs-pompiers. Tout lui était facile dans une ville où il était extrêmement aimé. La compagnie de sapeurs-pompiers fut créée et le nomma son *colonel*.

Par ses soins, l'Eglise de Villefranche ne tarda pas à être pourvue d'un orgue. De trois, le nombre des frères de la doctrine chrétienne fut porté à huit. Un chauffoir public fut établi pour les pauvres. Les orphelins des deux sexes reçurent un asile. Le régime sanitaire et moral des prisons devait aussi attirer l'attention de M. Donnet ; il y introduisit des réformes si importantes que M. de Gasparin, préfet du Rhône, se plaisait à citer les prisons de Villefranche comme celles qui présentaient, par leurs dispositions intérieures, les résultats les plus satisfaisants.

Dans la réalisation de ces réformes, l'intelligent et zélé pasteur déploya toutes lès ressources d'une bonté et d'une charité infatigables. Son cœur était saisi d'une profonde pitié à l'aspect de ces hommes coupables, qu'un repentir sincère pouvait ramener à la religion et à la vertu. Mais cette réhabilitation morale était-elle possible dans une atmosphère de vice et de privations. M. Donnet rechercha donc les moyens de trans-former ce milieu délétère, et il fut puissamment secondé par des personnes généreuses, notamment par madame la comtese de la Balmondière, dont le nom est devenu, dans tout le Lyonnais, le synonyme de celui de bienfaisance et de charité. Six sœurs de Saint-Joseph furent chargées du service intérieur des prisons de Villefranche, et cette amélioration fut le point de départ de toutes celles qui eurent lieu bientôt après.

La prodigieuse activité de M. Donnet suffisait à tout. Chaque semaine il visitait les établissements de bienfaisance, donnant des éloges et des encouragements au zèle des employés. Il prenait une part active et éclairée aux travaux des comités de l'instruction primaire, de l'hôpital, de la prison, et ces occupations multipliées ne l'empêchaient pas de remplir avec la plus scrupuleuse exactitude ses fonctions pastorales. Pendant sept années consécutives, on le vit monter dans la chaire de son église, pour faire entendre aux fidèles la parole de vie. Toutefois, il était heureux d'appeler souvent, à Villefranche, les prédicateurs distingués du diocèse ; nous rappellerons à ce sujet que M. l'abbé Cœur a débuté dans cette ville et y a jeté les bases de sa grande réputation.

Pendant ces sept années, M. Donnet n'eut qu'une seule ambition : celle de faire le bien, d'attirer vers Dieu les cœurs et les intelligences ; ses efforts furent couronnés d'un succès complet.

Quelques mois de repos étaient dus à tant de fatigues et de zèle. M. Donnet partit, en 1829, pour Rome, en la compagnie de M. l'archevêque de Tours et de M. Dufêtre. Ce fut un voyage de prêtre et d'artiste. A peine de retour, il vit éclater la révolution de juillet, et quelques enthousiastes vinrent attaquer l'église pour en arracher les fleurs de lys. M. Donnet fit alors preuve d'un vrai courage ; il se plaça devant la porte d'entrée, en face des énergumènes, fit entendre des paroles énergiques, et l'émeute se dissipa. La ville, privée en ce moment de la présence des autorités administratives et judiciaires, échappa par la seule influence de *son bien-aimé pasteur* à de grands maux ; car, plus de quinze mille étrangers étaient accourus pour prêter main-forte aux émeutiers de la localité. 1848 nous a donné l'idée de ce qu'on aurait pu faire, à Villefranche, en 1830, sans les efforts énergiques du digne curé.

La réputation de M. Donnet grandissait encore. Ce n'était plus seulement l'orateur qu'on admirait mais encore l'administrateur éminent.

En 1834, il fut nommé coadjuteur au siége épiscopal de Nancy, sur la demande formelle de Mgr Forbin-Janson, avec le titre d'évêque de Rosa *in partibus*, et la succession future de l'évêché de Nancy et Toul. C'était une juste récompense due à son talent, à son zèle et à tous ses travaux apostoliques. Cependant, l'accueil qu'il reçut à Nancy fut d'abord peu sympathique ; mais, le caractère de Mgr Donnet, son abord, sa parole facile et abondante, la franche cordialité qui respire dans tous son être, firent, qu'après une visite pastorale et une retraite ecclésiastique, où il laissa lire jusqu'au fond de son âme, il put se concilier l'estime et l'affection de tous. Cette victoire dut être très flatteuse et bien douce pour son cœur.

Et comment aurait-on pu résister à l'influence de sa parole à la fois si simple, si affectueuse et si élevée ? Nous citerons à ce sujet quelques fragments de la circulaire par laquelle il convoqua son clergé à la retraite pastorale qui s'ouvrit deux mois après son arrivée :

« Vous n'hésiterez pas, disait-il, à répondre à cette première invitation qu'il nous est donné de vous faire, ou plutôt à la voix intérieure qui vous appelle à l'écart. Vous vous rendrez avec empressement dans ce lieu retiré, vous vous délasserez un peu du travail ordinaire ; nous y viendrons avec vous habiter cette maison toute empreinte de l'esprit clérical que vous y avez reçu. Nous y retrouverons la ferveur dans la prière, l'abnégation de soi-même, un silence absolu sur les intérêts de la terre ; nous y apprendrons la soumission à Dieu qui dirige les événements, l'amour des pauvres, la tendre et active sollicitude pour les malades, la charité non feinte pour ceux qui ne nous aiment pas, l'aménité, la franchise, la cordialité avec tous... »

Le vénérable prélat terminait ainsi sa circulaire :

« Nous sortirons de ce nouveau cénacle, après avoir formé en nous cet homme intérieur, recueilli, religieux ; cet homme de prière, de saints désirs, cet homme de paix, de mansuétude, de piété, d'humilité, cet homme de Dieu, en un mot, qui ressemble à Jésus-Christ ou qui en approche. »

Trois cents prêtres environ se rendirent à l'appel du prélat.

L'affection et la confiance du clergé étaient acquises à M. Donnet. Il put aussi se convaincre, qu'il possédait au plus haut degré les sympathies

du troupeau confié à ses soins, lorsqu'il entreprit
quelque temps après son installation, la visite
générale du diocèse. Cette excursion a laissé
d'ineffaçables souvenirs parmi les populations de
la Lorraine. Mgr Donnet y déploya un zèle au-
dessus de toute louange. Se multipliant en quelque sorte, son temps était successivement consacré à des travaux divers, mais qui, tous, avaient
pour but le développement et la propagation de la
foi. Tantôt, il montait dans la chaire de vérité (1)
pour adresser aux fidèles quelqu'une de ces allocutions si pénétrantes et si onctueuses dont il a
le secret, tantôt il passait de longues heures avec
les membres du clergé, s'informant des besoins
et de l'esprit des localités, écoutant avec intérêt,
les détails les plus insignifiants en apparence, et
donnant toujours d'utiles conseils.

Dans ces relations journalières, Mgr Donnet fit
apprécier de plus en plus la justesse et la distinction de son esprit, la bonté de son cœur, la
franchise et l'aménité de son caractère; telle fut
l'influence de ses belles qualités, que les adver-
saires de la religion furent forcés eux-mêmes de

____

(1) Il a prêché lui-même des missions à Lunéville, à
Toul, à Saint-Nicolas et la station du Carême de 1836,
dans la cathédrale de Nancy, et fait le catéchisme jusques
dans le plus modeste hameau du diocèse.

rendre hommage à son mérite. Pourrait-on jamais oublier le courage et la générosité qu'il déploya, à la terrible émeute de Dom-Germain, où coula tant de sang, l'habileté et la persévérance dont il donna une preuve si éclatante; le jour où il s'empara du magnifique petit séminaire de Pont-à-Mousson?

La vive satisfaction que lui fit éprouver la visite de son diocèse est chaleureusement exprimée dans le mandement qu'il publia pour le carême de 1836. Nous y remarquons le passage suivant :

« Nous pouvons vous dire avec effusion de cœur, nos très chers frères, que notre espérance n'a pas été vaine et qu'il a plu à celui de *qui vient tout don parfait*, de combler notre attente et de remplir la mesure de nos désirs. La manière affectueuse dont nous avons été accueilli dans les diverses paroisses que nous avons visitées, l'avidité avec laquelle notre parole y a été reçue, sont un heureux présage des bénédictions que Dieu semble promettre à notre ministère au milieu de vous. Dans les villes comme dans les campagnes, nous avons trouvé la foule sur nos pas, et la semence de celui qui était sorti pour semer, n'est point tombée sur le grand chemin, ni dans des lieux pierreux, ni au milieu des épines, mais dans une bonne terre, où elle germera et s'enracinera pour porter des fruits. »

L'émeute, en 1830, avait fait fermer le petit séminaire de Pont-à-Mousson. Depuis qu'il avait su se faire apprécier, rien n'était plus difficile à Mgr Donnet ; le petit séminaire fut solennellement rendu à sa destination. Tous les catholiques applaudirent, et, dès-lors, Monseigneur put jeter les fondements d'institutions utiles que le diocèse réclamait depuis longtemps. Ainsi , il créa deux salles d'asile, installa à Bosserville une colonie d'enfants de Saint-Bruno venant de la Grande-Chartreuse, et jeta les premiers fondements de la belle œuvre connue sous le nom *de foi et lumières*. Des maisons furent achetées par Sa Grandeur dans les environs de l'église de Bon-Secours pour servir d'asile aux anciens du sacerdoce, et les dames du Sacré-Cœur, sur ses vives instances, vinrent s'établir à Nancy. Ce fut également sous son administration que madame la comtesse de Flavigny reprit, dans sa belle communauté, les insignes abbatiales.

Une des plus vives et des plus constantes préoccupations de Mgr Donnet était de pourvoir aux besoins à venir du clergé, en lui préparant des sujets capables. Pour atteindre ce but, il crut devoir prendre une mesure qui ne pouvait manquer de produire d'heureux résultats. Il rétablit les conférences ecclésiastiques que Mgr de Forbin Janson avait tenté d'introduire en 1830, et que les événements de cette année avaient arrêtées dès leur début. Il publia à ce sujet un règlement dont le préambule mit en relief toutes les ressources de son éloquence douce et persuasive.

Après avoir déclaré que le moment était venu d'agir au grand jour de la publicité en vue de la régénération des peuples, après avoir constaté que l'entreprise projetée répondait aux tendances et aux besoins de l'époque, Mgr Donnet continuait en ces termes :

« Le beau spectacle que celui d'une réunion de prêtres inspirés par la foi, dirigés par la charité, travaillant en commun à s'éclairer pour pouvoir verser sur les peuples confiés à leur sollicitude les plus abondantes lumières. Si l'esprit saint a dit : « Malheur à celui qui est seul, parce que s'il tombe, il n'a personne pour le relever; » le même Esprit de vérité a dit aussi : « Là où deux ou trois sont réunis en mon nom, je suis au milieu d'eux. »

Tout ce mandement abonde en observations justes, bien senties et d'une utilité pratique incontestable. Nous y remarquons le passage suivant que les jeunes membres du clergé ne sauraient trop méditer :

« Quel moyen avons-nous, après que le cours des études spéciales est terminé, de conserver et d'accroître la masse des connaissances acquises.

Ce moyen, c'est surtout l'institution et la pratique des conférences. Tous ne sont pas au même degré prophètes, docteurs, évangélistes, mais chacun a sa mesure de grâces et de talents. Dieu, qui en est l'auteur et qui les distribue selon son bon plaisir, en nous ordonnant de faire valoir les nôtres, veut aussi que nous profitions de l'expérience de nos frères, par un commerce réciproque de conseils, d'exemples et de services. »

Le zèle de Mgr Donnet se manifesta même quelquefois en dehors des limites de son diocèse. Nous croyons devoir mentionner ici une circonstance importante, dans laquelle il rendit à la religion un service signalé.—Il existait alors, dans la diocèse de Strasbourg, une réunion de jeunes prêtres qui promettaient à la cause catholique de précieux appuis (1). Entrés dans le sacerdoce à l'issue d'autres carrières, ils étaient, sous quelques rapports, étrangers aux formes de la discipline ecclésiastique ; mais ils se recommandaient à l'attention de leurs supérieurs par une ardente piété, par des lumières et des talents incontestables. Toutefois, une certaine mésintelligence régnait entr'eux et l'autorité diocésaine ; le désaccord prenait chaque jour un caractère plus grave et plus inquiétant ;

____

(1) MM. Bautain, de Bonnechose, Level, Goschler, Karl, etc.

lorsque Mgr Donnet, à qui ces jeunes ecclésiastiques inspiraient le plus vif intérêt, intervint auprès
de l'évêque de Strasbourg, et, grâce à son esprit
éminemment conciliateur, les difficultés qui s'é-
taient élevées furent promptement aplanies.

C'est au milieu de ces travaux que le surprit sa
nomination à l'archevêché de Bordeaux ; cette
fois, les marques de respect, d'attachement et
d'amour qui l'accompagnèrent à son départ de
Nancy, le dédommagèrent amplement de l'accueil
qu'il avait reçu, lors de son arrivée.

A la première nouvelle de sa nomination, toutes
les personnes qui avaient pu apprécier ses émi-
nentes qualités, donnèrent les marques de la plus
profonde affliction. Le sentiment général des populations fut chaleureusement exprimé par les
principaux organes de la presse :

« C'en est fait, disait la *Gazette de Metz*, du 17
juin 1837, c'en est fait, aucune illusion d'espérance ou d'affection n'est plus permise. L'heure
des adieux est arrivée, et nous touchons à une
séparation longue et douloureuse....

» Disons, ajoutait le même journal, disons un
triste, un amer adieu au prélat bien-aimé qui
nous quitte. Jamais nous ne pourrons lui souhai-
ter autant de bien qu'il nous en a fait. »

Cette séparation fut cruelle pour Mgr Donnet.
Son mandement d'adieux attestait une douleur

profondément sentie. Voici en quels termes il remerciait les fidèles du diocèse de Nancy des témoignages de confiance et d'affection qu'ils lui avaient constamment donnés :

« Nos très chers frères, laissez-nous acquitter cette dette de notre cœur, non seulement en présence de Dieu qui vous connaît, mais aussi pour l'édification de ceux qui ne vous connaissent pas. Les touchantes manifestations de votre dévouement, de votre zèle à seconder nos efforts, l'attachement dont vous nous avez donné des marques si nombreuses, sans que nous ayons fait fléchir à votre égard les règles de la sévérité évangélique, les aumônes dont vous nous avez fait dépositaires en faveur de tant d'établissements précieux, les preuves non équivoques de bon vouloir et d'estime que nous avons reçues, il y a si peu de temps, des notabilités de la province, tout enfin nous porte à croire que nous aurions pu continuer à faire un peu de bien, et par là même nous trouver heureux au milieu de vous. »

Installé, le 2 juillet 1837, sur son nouveau siége, Monseigneur donna d'abord tous ses soins à son clergé, organisa des conférences, en régla la marche, imprima un nouvel élan à l'œuvre des retraites en faveur des invalides du sacerdoce, et publia plusieurs lettres et de nombreux mandements sur des points culminants de doctrine et de discipline.

Depuis le jour de son arrivée à Bordeaux, tous les actes de Mgr Donnet ont révélé une pensée de régénération, des vues d'ensemble, un système. Ce système sublime se résume tout entier en ces deux mots : réveiller l'esprit catholique, et par l'esprit catholique réorganiser la société.

Au reste, personne n'a mieux compris la mission d'un évêque à notre époque. Voici comment Sa Grandeur développe dans sa lettre pastorale aux fidèles de Bordeaux l'idée qu'il s'est faite de l'esprit épiscopal :

« Un cœur d'évêque n'est-il pas un cœur de mère, et l'évêque de nos âmes, le divin rédempteur, n'était-il pas l'amour éternel habitant parmi les hommes ; et, comme le dit saint Jean, n'avons-nous pas tout reçu de sa plénitude? La mission qu'il nous a donnée dans la personne de ses premiers apôtres n'est-elle pas une mission toute d'amour ?.... »

Dans la même lettre pastorale, Mgr Donnet se plaît à rendre un éclatant hommage au mérite éminent de son prédécesseur, Mgr de Chéverus, que, dès sa plus tendre jeunesse, il n'avait cessé de vénérer et de chérir. Nous citons textuellement ce passage :

«Ce qui formait le trait principal du caractère de

Mgr de Chéverus, c'était une douceur inaltérable, une patience à toute épreuve, ou, pour mieux rendre notre pensée, c'était la modération, cette vertu tout évangélique, empruntée, par la sagesse humaine, à la morale du Dieu-Sauveur, *qui n'a pas éteint la mèche encore fumante ni brisé le roseau à demi rompu*; la modération si compatible avec l'énergie, et par laquelle il savait, chose difficile, gouverner en conciliant, et garder la mesure jusque dans le bien. »

Les qualités que Mgr. Donnet appréciait si bien chez son illustre prédécesseur, on en retrouve l'empreinte dans les circulaires et les instructions qu'il a adressées au clergé de Bordeaux, et dans ses lettres pastorales aux fidèles de son diocèse. Parmi ces dernières, on a surtout remarqué celle qu'il publia en 1838. Nos lecteurs nous sauront gré d'en reproduire quelques fragments.

Après avoir constaté les funestes tentatives de la raison et de l'intelligence humaine insurgées contre la foi; après avoir signalé tout le mal fait à la religion par les hommes qui se parent du titre de régénérateurs de la société, il s'écrie :

« Que les inventeurs de religions changent leurs croyances, qu'ils y ajoutent ou retranchent au gré de leurs caprices ; il en doit être ainsi ; mais l'œuvre du Dieu vivant partage son immutabilité. Or, le Dieu vivant était hier, ce qu'il est aujourd'hui, ce qu'il sera demain et dans tous les siècles....

» Les sectes vieillissent, parce qu'il est dans leur destinée de mourir ; mais l'Eglise de Jésus-Christ ne vieillit point, parce qu'elle doit toujours vivre. »

Recherché par tout ce que Bordeaux renferme de personnages distingués, Monseigneur sut commander le respect par la dignité et l'aménité de ses manières. Doux, conciliant, pénétrant, affable, toujours digne, toujours maître de lui-même, il sut gagner à lui tous ceux qui avaient le bonheur de l'approcher.

Nous empruntons à un auteur contemporain, très estimé, le récit qu'on va lire, et qui nous dira comment l'archevêque de Bordeaux se repose dans sa ville épiscopale des longues visites qu'il entreprend, chaque année, dans quelques parties de son immense diocèse :

Un homme du monde eut un jour la pieuse curiosité de suivre, d'épier, pour ainsi dire, toutes ses démarches. « A sept heures du matin, dit-il, j'arrivai à la porte de l'archevêché ; mais Monseigneur en était déjà sorti ; il fallut aller le rejoindre à l'hôpital Saint-André, où il célébrait la messe, adressant aux convalescents et à ceux des malades qui avaient pu se rendre à la chapelle une touchante allocution, distribuant à quatre-vingts

d'entre eux la sainte Communion , donnait à cinquante environ le Sacrement de la Confirmation ;
puis, se rendant auprès des malades qui n'avaient
pu quitter leurs lits, il parcourait onze salles, an-
nonçait dans chacune la divine parole et adminis-
trait la Confirmation aux malades qui s'y étaient
préparés. J'étais profondément ému de ce spectacle qui, me dit-on, était pourtant une chose tout
ordinaire , puisque cette visite à l'hôpital a lieu
presque tous les mois. Cependant le prélat, au lieu
de reprendre la route de son palais , comme on
eût dû s'y attendre après une visite aussi fatigante,
se transporte successivement à l'hospice des vieil-
lards, au dépôt de mendicité et à l'hôpital militaire; je m'y rends à sa suite, et, dans chacun de
ces asiles du malheur ou de la souffrance, je vois
se renouveler à peu près tout ce qui s'était passé
à l'hôpital Saint-André ; je dois ajouter que partout l'arrivée du vénérable prélat dilate les cœurs
et fait épanouir des physionomies contractées par
la souffrance et le chagrin. Enfin, chose à peine
croyable, Monseigneur, dans les allocutions qu'il
prononça, non seulement dans chaque établissement, mais dans chacune des salles qu'il parcou-
rut, eut l'incomparable talent de traiter les
mêmes sujets sans jamais se répéter, d'énoncer
les mêmes pensées en les revêtant d'expressions
toujours variées, toujours adaptées à l'âge, à la
position, aux besoins de son auditoire.

» Simple témoin des travaux du prélat, je succombais à la fatigue et j'espérais que sa journée
et la mienne se termineraient à la visite de l'hôpital militaire ; mon illusion était grande. Monseigneur se rendit encore dans une institution de
jeunes personnes, où, sans se ressentir le moins du
monde de ses accablants travaux, il trouva dans
son esprit et dans son cœur tout ce que la piété
peut avoir de plus aimable et de plus onctueux.
Enfin, Sa Grandeur, rencontrant sur sa route
une maison religieuse, y entra et termina sans
doute par cette visite une journée qui était une
mission tout entière. Pour moi, ne pouvant être
admis dans la communauté que visitait le prélat,
je me retirai tout aussitôt, aimant mieux, je
l'avoue, supposer les travaux de l'archevêque
terminés que d'avoir à le suivre peut-être dans
de nouvelles excursions, pour lesquelles il ne
me restait plus ni force ni courage. »

Toujours plein de sympathies pour les pauvres,
il s'empressa d'aller à eux, de fonder divers établissements de bienfaisance, et de prêter généreusement son concours à tout ce qui avait pour but
d'assurer ou d'accroître leur bien-être. Peu importe à Mgr Donnet que vous soyez d'une autre
opinion que la sienne, ou que vous apparteniez
à une nation étrangère ; vous souffrez, cela suffit ; sa main est ouverte.

Toutes les institutions fondées par Mgr Donnet, depuis son installation au siége archiépiscopal de Bordeaux , témoignent de cet esprit organisateur qui le caractérise. Ainsi, en quelques années, il a érigé quatre-vingts nouvelles paroisses; bâti près de cent églises, dont la plupart sont monumentales; créé trois noviciats de frères instituteurs, cinq de sœurs institutrices , fondé deux établissements de Carmes, deux de jésuites, trois de Maristes, appelé, dans sa ville épiscopale : les Pères de la Miséricorde; les prêtres du Saint-Esprit et les oblats de Saint-Charles ; plus de cent paroisses lui doivent des écoles de frères, ou de religieuses , et , toutes, le bienfait d'une mission à l'occasion de ses visites pastorales. Personne n'a proclamé, avec plus d'éclat et d'autorité que l'éminent prélat, la puissance du principe d'association , de ce principe dont les novateurs révolutionnaires voulaient faire un instrument de ruine , mais qui, dirigé par la foi et la charité chrétienne, est un précieux élément de vie et d'avenir.

» Le principe de l'association , dit-il , est tout évangélique. En s'emparant de cette idée féconde, la religion ne fait que reprendre un bien qui lui appartient en propre. Ce principe domine dans nos croyances , dans nos maximes, dans les faits accomplis par le christianisme.... Sont-elles autre chose que des résultats de l'association, ces grandes œuvres, ces immenses bienfaits du génie chrétien, qui commandent l'admiration de tous les siècles. »

Ces paroles que nous avons empruntées à une allocution de Mgr Donnet, dans une assemblée qu'il convoqua dans son palais en 1838, sont la meilleure réfutation de ces décevantes doctrines d'économies sociales propagées par quelques cupides novateurs. En dehors de la foi, de la charité, il n'y a pour les peuples que misère toujours croissante. L'histoire contemporaine donne à cette vérité la plus éclatante confirmation. Mgr Donnet a raison de le dire : « Il y a plus de pauvres, parce qu'il y a moins de religion, plus de mauvaises mœurs, moins de nerf dans l'autorité paternelle, sceptre avili dont les enfants se font un jouet; il y a plus de pauvres, parce qu'il y a plus d'ambition, un désir plus impatient de sortir de sa condition, de se frayer des voies à la richesse, et, par suite, plus de mécomptes, plus de désastres, plus de ruines…. »

Les lettres nombreuses, publiées par Mgr Donnet, à l'occasion des désastres survenus dans ces derniers temps, sont plus qu'une œuvre remarquable : elle comptent parmi les plus nobles actions de sa vie ! Les termes de l'appel qu'il adresse en faveur des victimes de tant de fléaux sont pressants, énergiques : « Ce n'est point ici une aumône comme on en fait tous les jours, s'écrie le prélat, à l'occasion des inondations du Rhône et de la Saône, que nous demandons à votre charité, car il ne s'agit pas de réparer des désastes ordinaires, c'est tout un abîme à combler. »

En 1842, l'archevêque de Bordeaux fit le voyage d'Afrique avec sept de ses collègues dans l'épiscopat. Ce fut lui qui présida à la magnifique cérémonie de la translation des reliques de saint Augustin. Il y eut alors une scène tout à fait attendrissante. La cérémonie se terminait ; Monseigneur voulut que la main de l'évêque d'Alger s'unît à la sienne. Les deux mains s'élevèrent ensuite sur la foule recueillie et respectueuse : « Je bénis votre église d'Alger, c'est écrié » Mgr Donnet, et vous, frère bien-aimé, bénis- » sez mon église de Bordeaux dont vous serez » toujours l'enfant de prédilection. »

A son retour, il publia sur son voyage une lettre pastorale dans laquelle il parle de saint Augustin avec une profondeur d'idées digne d'un Père de l'Église.

L'ouverture du Concile de sa province, le 14 juillet 1850, a été pour Mgr Donnet une date mémorable. Déjà, il était connu et admiré de la France entière : il s'est révélé dans ce synode sous un jour nouveau. Toute la chrétienté a tressailli à la lecture du discours remarquable où il apprécie avec l'autorité de son caractère et de ses lumières, les avantages immenses que présentent les Conciles, tombés depuis trop longtemps en désuétude.

« L'Église veut être libre, et elle en a le droit, dit-il dans une partie de ce discours; libre de vous instruire, libre de vous sauver en continuant jusqu'à la consommation des siècles son ministère d'enseignement, de conciliation, de miséricorde et de paix. Soumise, dans l'ordre des choses temporelles, aux divers pouvoirs qui se partagent le monde, elle ne relève, dans l'ordre des choses spirituelles, que de Dieu; et gêner dans ce cercle d'action son indépendance et sa liberté, c'est la plus criante de toutes les usurpations. L'Eglise a souffert sans murmurer ce déni de justice; mais aujourd'hui qu'elle peut parler par la grande voix de ses évêques réunis, comment ne ferait-elle pas éclater les transports de sa reconnaissance envers l'auteur de tous les biens ?... »

Mgr l'archevêque de Bordeaux n'est pas seulement un puissant orateur, un administrateur éminent, il est un écrivain très distingué. La liste de ses mandements est longue, et tous se recommandent en même temps par l'élévation du langage, la générosité des sentiments et la profondeur du savoir (1).

On y respire une Foi vive et pénétrante ; on y reconnaît surtout une prodigieuse aptitude à traiter tous les sujets qu'il n'appartient qu'aux écrivains hors ligne d'oser aborder. Archéologue érudit, il fait revivre aux yeux de l'histoire les monuments antiques et si importants qui peuplent son vaste diocèse. Ce que la vérité semble avoir d'austère se dépouille dans ses œuvres. Tout s'anime et s'embellit sous sa plume. La grâce, la douceur et la force, tel est le triple caractère de son talent. Citons, parmi ses mandements, ceux qui traitent de l'action civilisatrice du dimanche, de l'action réparatrice de la confession, de la charité, de l'alliance de la religion avec la société, de l'éducation de famille. Il sont autant de traités complets où une sorte de poésie attractive s'allie avec bonheur à un style toujours clair, toujours précis, toujours abondant.

Nous devons particulièrement signaler ici deux mandements de Mgr l'archevêque de Bordeaux : ceux qui traitent de la confession et de la célébration du dimanche. Sur cette dernière question,

____

(1) On en trouve le Recueil imprimé, ainsi que celui de ses Discours, chez MM. Bray et Sagnier, 61, rue des Saints-Pères.

qui a maintenant tout l'intérêt de l'actualité, Mgr l'archevêque de Bordeaux a développé des considérations d'une immense portée. Il est impossible de s'élever plus haut dans les sphères de la philosophie chrétienne :

« En vain parlerait-on de religion et de morale, dit-il ; en vain supposerait-on que l'homme peut être fidèle au devoir, à la probité, à la vertu sans aucun lien de discipline et de culte religieux, sans l'observation du jour consacré. Abus coupable de mots, déception funeste et grossière. Voyez et jugez.... »

La conduite de Mgr Donnet est une réfutation victorieuse de cet absurde préjugé si répandu de nos jours, que le clergé et l'espicopat sont ennemis des lumières. Personne n'a plus puissamment contribué aux progrès de l'instruction populaire ; mais ce qu'il a toujours repoussé, c'est la fausse science qui tue la foi dans le cœur des peuples. — Son goût éclairé pour les arts est apprécié de tous ceux qui le connaissent. Il a pris rang parmi nos archéologues distingués, et l'on doit à ses consciencieuses recherches une monographie fort intéressante sur l'église primatiale de Saint-André. Ce travail, aussi remarquable par la solidité du fond que par l'élégance de la forme, révèle des connaissances étendues sur

tout ce qui se rattache aux monuments religieux.

Avec sa haute intelligence, Mgr Donnet apprécie tout ce qu'il y a d'utile et de fécond dans les
découvertes de la science, dans les perfectionne-
ments de l'industrie. Il a toujours proclamé que
la religion n'est pas l'ennemie de pareils progrès,
mais, qu'au contraire, elle honore ceux qui les
propagent. En 1841, Monseigneur de Bordeaux
terminait par les paroles suivantes son allocution
dans la solennité qui avait pour objet la bénédiction des travaux d'irrigation de la compagnie
d'Arcachon :

« Puisse le Souverain-Maître qui féconda les
travaux des Benoît, des Bernard, des Bruno, des
Émilion, des Gérard, ces hommes de Dieu, civi-
lisateurs avec une croix, puisse-t-il féconder vos
efforts. Eux aussi creusèrent des canaux, assai-
nirent des marais, défrichèrent des landes, jetè-
rent des ponts, bâtirent des villes.... Echappés
au monde des cités et à la position que vous
avaient faite vos noms et vos talents, vous êtes
venus, Messieurs, demander à la solitude un peu
de repos, ou mieux encore employer à d'utiles et
modestes labeurs, ce que la Providence vous avait
donné d'intelligence, d'activité et de dévouement.
Soyez-en récompensés avec usure. »

Au mois de septembre 1851, Mgr Donnet voulut prêter, à la fête toute nationale de l'inauguration du comice agricole de Blaye, le concours de son auguste ministère. Voici le discours que sa grandeur prononça en présence d'un auditoire immense :

« Le désir du bien-être, nos très chers frères, a pénétré la société dans toutes ses parties, et il n'est aucune classe qui n'en soit travaillée profondément. Il entre pour une large part dans toutes nos agitations publiques. Favoriser l'agriculture, lui conserver les bras de l'habitant des campagnes, la faire aimer, perfectionner ses méthodes, ouvrir à ses produits de nombreux débouchés, serait un des moyens les plus sûrs de donner satisfaction à cet impérieux et universel besoin ; car l'agriculture a toujours été la source des richesses nationales, une des bases de la civilisation.

» L'agriculture ! A ce mot, que d'idées, que de souvenirs se présentent à la pensée ! Soyez bénis, messieurs du comice agricole de Blaye, de vos efforts, de vos sacrifices en sa faveur, de votre présence en ces lieux. Pour moi, en assistant aujourd'hui à la fête touchante qui lui est consacrée, je veux lui porter, comme dimanche dernier, à Lesparre, une parole de sympathie et d'amour. Des voix plus éloquentes et non moins amies lui feront entendre dans un instant les conseils de leur expérience, lui prodigueront des encouragements ; quant à la religion, depuis dix-huit siècles, elle a fait ses preuves à son égard.

» Comment dès lors ne pas s'étonner que l'influence du Christianisme sur l'agriculture, et sur le bien-être du peuple en général, ait pu être méconnue par les économistes modernes ? On oublie trop facilement que le monde n'était qu'une vaste et cruelle exploitation de l'homme par l'homme, lorsque commença, avec le règne de Jésus-Christ, cette grande révolution religieuse et sociale dont nous recueillons les fruits quelquefois, hélas! avec un ingrat dédain.

» Ce nouvel ordre de choses eut son berceau dans l'atelier de Nazareth. Les premiers sectateurs furent de pauvres artisans. Durant les luttes sanglantes avec le Paganisme, c'était à l'homme des champs que le pontife et le prêtre allaient demander un asile. Ils emportaient avec eux les vases et les ornements du sanctuaire, et leur trouvaient un abri dans les catacombes, cité mystérieuse où s'organisa le Christianisme que nous vous prêchons.

» Et, plus tard, n'est-ce pas lui qui, désarmant les barbares du Nord, pénétra leurs âmes des sentiments de générosité d'où sortirent la trève de Dieu, la chevalerie, la défense et l'amour de tout ce qui, sur la terre, était faible ou opprimé?

» Ceux d'entre vous qui ont étudié l'histoire de ce moyen âge si peu connu, si calomnié, ont été frappés du récit des glorieuses entreprises auxquelles nous devons plusieurs de nos principales cités, un grand nombre de nos bourgs, de nos villages, notre agriculture surtout, qui, pratiquée, enseignée dans les anciennes abbayes, y semble avoir puisé les vertus qui font encore de la population des campagnes le plus fort soutien de la société, soit qu'elle lui fournisse d'héroïques soldats pour sa défense, soit qu'au sein des tourmentes politiques, elle la protége contre elle-même par son bon sens et la fermeté de ses résolutions.

» En ce temps-là, un homme qui devint un héros, un saint, foulait aux pieds les honneurs de ce monde, et s'établissait dans un lieu nommé la vallée d'Absinthe, tant la vie y était dure et amère. Il voulait sauver son âme; et, pour servir Dieu, il travaillait, lui et ses compagnons, avec tant d'ardeur, que les épines et les ronces disparaissaient, la terre se couvrait de moissons, les habitations se multipliaient sur un sol auparavant malsain et désert, et le pays, métamorphosé, devenait riche et puissant.

» Ceux des économistes qui renient les principes religieux auxquels nous devons les progrès de l'agriculture et de l'industrie, sont des ignorants ou des ingrats. S'ils pouvaient douter encore que c'est au Christianisme que nous sommes redevables de nos richesses et de toutes nos libertés, qu'ils interrogent les peuples étrangers à nos croyances; qu'ils pénètrent dans les Indes, où deux cents millions d'habitants se laissent exploiter par une poignée de marchands; qu'ils visitent la Chine, courbée sous sa honte, devant quelques vaisseaux anglais; comme tout est stationnaire, faible, décrépit, dans ces régions où le soleil de la civilisation chrétienne ne s'est point encore levé.

» Ce grand phénomène est-il donc inexplicable, nos très chers frères? Non, sans doute. Il faudrait s'aveugler volontairement pour n'en pas apercevoir la cause dans les principes mêmes du Christianisme. Une religion qui a substitué le droit à la force, qui a su ennoblir, déifier en quelque manière, non seulement le travail de la pensée, mais encore les rudes labeurs des champs et de l'atelier; une religion qui a élevé des palais pour abriter toutes les misères, qui, condamnant et la prodigalité et l'avarice, met au nombre des vertus l'amour du travail, l'ordre et la modération des désirs; cette religion ne renferme-t-elle pas le plus beau code d'économie politique et sociale, et pourrait-on s'étonner que, par l'impulsion qu'en a reçue le monde, les sociétés chrétiennes aient atteint ce haut point de prospérité où nous les avons vues parvenir dans les plus beaux jours de la foi ?

» Pourquoi donc, messieurs, ce divorce que l'on voudrait établir entre le Christianisme et le monde nouveau ? Pourquoi tenter de corriger ou de refaire, sans la religion, l'admirable édifice que la religion avait bâti de ses mains ? Hélas ! que sont, à l'égard de la réforme de la société et des bonnes œuvres en général, tous les moyens humains, séparés du renoncement à soi-même, qui ne peut naître que de la foi et de la charité ? Il faut aimer Dieu par dessus toutes choses pour aimer son prochain comme soi-même. Souffrir, se sacrifier pour les autres, n'est que le propre de celui qui croit au ciel et à l'enfer ; et, sans un regard d'amour sur la croix de Jésus-Christ, il n'est aucune bonne œuvre qui n'épuise bientôt le zèle de ses plus fervents admirateurs. A l'homme est donné de tailler la statue, de la revêtir des plus belles formes ; mais là s'arrête sa puissance. Au souffle divin appartient seul de lui donner la vie ; et la vie manque toujours à ces œuvres de réforme ou de miséricorde que les utopies, l'art et la fortune se chargeront seuls de produire et de conserver.

» Il y a quelques années, dans l'ancienne abbaye de Cîteaux, on a essayé l'application de l'un des systèmes du jour, et, dotée largement, l'association phalanstérienne a tenté la réalisation des préceptes du maître. Elle n'a enfanté que des ruines ; et dans ces lieux où les disciples de Bernard ont vécu tant de siècles, la phalange n'a duré que quelques mois. On me dispensera de rappeler les mécomptes et les chimères de l'Icarie.

» Mais voyez la Grande-Bretagne ; et à quel moment vais-je me permettre de parler de sa misère ! Il n'est bruit que de ses richesses, de sa puissance et de l'hospitalité généreuse qu'elle donne aux deux mondes.

» Dans un récent voyage à Londres, je n ai pas cru devoir passer toutes mes heures à la contemplation des merveilles renfermées dans son Palais-de-Cristal ; j'ai voulu voir (et là j'étais si bien à ma place) les membres souffrants de cette grande famille, composée de deux millions cinq cent mille individus ; j'ai visité quelques pauvres réduits, quelques ateliers, quelques écoles, quelques hôpitaux ; j'ai pénétré dans ces immenses quartiers fétides dont tant de hauts personnages semblent ne pas même soupçonner l'existence.

» Vous auriez vu avec moi, mes très chers frères, non loin des palais, des théâtres, de la Bourse, de ces parcs enchanteurs où la richesse étale son luxe et ses magnificences, vous auriez vu la plaie hideuse du paupérisme, qui donne de temps en temps le vertige et l'épouvante à certains hommes d'État. Il me semblait entendre les cris d'angoisse et de désespoir de six millions d'Irlandais, chaque fois que la récolte du grossier tubercule qui leur sert d'unique aliment vient à manquer. Un sixième de la population totale est réduit à l'indigence, attendant quelques miettes de pain de la taxe des pauvres, cette liste civile de la misère, qui déjà s'élevait, en 1846, à deux cent cinquante millions !

» Que l'on ne donne pas à mes paroles une signification qu'elles ne sauraient avoir. Je n'ai d'injustice et encore moins d'amertume contre aucun pays ; mais les mœurs anglaises, tout en conservant un respect admirable pour la loi, et un patriotisme qui semble inhérent à leur nature, sont dominées par un rationalisme qui les rend plus rigides et plus froides. Les ouvriers n'ont rien de cet abandon, de ce laisser-aller qui caractérise les nôtres ; parqués seize ou dix-huit heures par jour dans des espèces de souterrains où l'air manque, où le soleil n'arrive jamais, ils ne reçoivent qu'un salaire insuffisant, que la concurrence illimitée et l'abondance exagérée des produits forcent à diminuer de plus en plus.

» Voilà quelques traits d'une situation qui naguère a fait jeter à l'Europe un cri de surprise et de terreur, et provoqué les aumônes du monde entier. On a essayé, il est vrai, quelques améliorations, et nous en bénissons les auteurs ; mais le mal, trop enraciné, semble ne plus laisser d'autre alternative que de ruiner le pays par une réforme industrielle, ou de le voir se débattre dans d'immenses agitations.

» La condition du travailleur, du malade, de l'infirme, du prisonnier, n'est certainement pas arrivée à sa perfection en France. Quelle différence, néanmoins! Ici, tout le monde aime le pauvre; chaque paroisse à sa conférence de Saint-Vincent-de-Paule, son bureau de bienfaisance, sa dame de miséricorde, son curé, qui n'a d'autre famille à pourvoir que celle des malheureux. Avec quelle satisfaction j'ai retrouvé au chevet de nos malades, au berceau de l'enfant abandonné, aux genoux du vieillard, à la porte de la cellule du prisonnier, et jusque dans la mansarde la plus délaissée, la sœur de la charité et de l'espérance ! Jamais, en dehors de la confession et de la communion catholiques, vous ne formerez une fille de Vincent-de-Paule, un frère des écoles chrétiennes ou de Saint-Jean-de-Dieu; et, s'il était possible qu'un jour, le bonheur sans mélange, rêvé par les amis de l'humanité, se réalisât, ce ne pourrait être que par une application générale et rigoureuse des maximes évangéliques.

» Pour cesser de trembler sur l'avenir, redevenons donc franchement, ouvertement chrétiens. Ne craignons pas de briser ce que nous avons adoré dans les temps de vertige et d'erreur. Pourquoi toujours des hésitations, des défiances? pourquoi détruire d'une main ce que nous édifions de l'autre? En serions-nous venus à regretter les bienfaits du catholicisme, et à avoir peur de son influence ; à vouloir ses habitudes et ses mœurs, et à rejeter ses dogmes et ses pratiques? Ne croyons pas que, sans la religion, nous recueillerons les fruits de la religion, et que les bonnes œuvres, détachées de cet arbre divin, fleuriront sans sève et sans vie.

» Dans toutes nos entreprises, appelons sa lumière à notre aide : dans nos épreuves, recourons à sa force; ne nous laissons point effrayer par les sombres couleurs dont l'impiété s'est plue à la revêtir pour nous la rendre indifférente et odieuse. De loin, ses préceptes austères alarment la faiblesse ; de près, ils ne contrarient que les passions. Son joug semble dur et pesant à la main qui le soulève; il est suave et léger, quand on l'a mis sur ses épaules.

» Nous ne nous laisserons point séduire par les décevantes images d'un bonheur fantastique que rien ne saurait donner ici-bas. *Cherchons d'abord le royaume de Dieu et sa justice*; aimons-nous les uns les autres ; vengeons-nous par des bienfaits de ceux qui nous outragent ; revenons aux pratiques de la foi, par-dessus tout, à la sanctification du dimanche. Ne demandons pas, ne permettons pas que l'on établisse des foires et des marchés dans ce saint jour. Le mépris de la loi du dimanche est la plus grande plaie de notre époque, un scandale affreux que la France jette à l'univers. Sans la sanctification du dimanche, point d'instruction religieuse ; sans instruction religieuse, point de morale; sans morale, point de lois ; sans lois, point de société !

» Pour vous, bons habitants des campagnes, et vous tous, nos très-chers frères, que nous voyons si nombreux et si recueillis autour de cet autel, vous resterez fidèles aux bonnes doctrines. C'est au nom de ces doctrines religieuses et sociales que des récompenses vont vous être décernées. En les acceptant, vous prenez l'engagement de ne les oublier jamais. C'est ainsi que vous acquitterez votre dette de reconnaissance envers le généreux fondateur et président de ce comice (1), envers vos magistrats, vos représentants, et aussi envers tous ceux qui, accueillant comme moi le bien partout où il se revèle , sans acception de lieux, de partis ou de personnes, tâchent de s'y associer, en encourageant tous les efforts qui le produisent. »

« Un murmure d'approbation, que la solennité et le caractère de la cérémonie ont pu à peine comprimer, a accueilli ce paternel et sage discours. »

Si, depuis son arrivée à Bordeaux, la mission du vénérable archevêque a été si noblement, si saintement remplie, il semble que son zèle et sa prudence ont pris plus d'essor encore depuis les jours mauvais qui se levèrent, il y a quatre ans, sur la France. On comprime un instant par la force l'explosion des doctrines perverses : ce n'est que par des doctrines saines et vivifiantes qu'on peut en arrêter le progrès. Il appartenait à Mgr Donnet, et, c'était la mission que le ciel lui

---

(1) M. le marquis de La Grange, représentant de la Gironde.

avait réservée à Tours, à Irigny, à Villefranche,
à Nancy et à Bordeaux, de faire servir à la défense de l'ordre, au maintien de la paix les vérités
divines dont il s'est toujours montré l'éloquent
interprète. Il dut donc, dans ces derniers temps,
se faire plus encore tout à tous, se prodiguer
davantage aux plus faibles et aux plus malades.
Il pénétra dans les prisons, dans les ateliers,
dans les hôpitaux; il vit plus souvent les hommes
qui souffrent et qui travaillent; il se présenta devant eux avec simplicité et avec bonté; obligé
d'user de ménagements infinis vis-à-vis d'hommes
que de funestes doctrines venaient récemment
d'agiter, il n'en sut pas moins déposer dans
leurs esprits des principes vrais et solides, des
sentiments de paix et de religion qui ont puissamment contribué à maintenir au milieu des populations de la Gironde la tranquillité dont n'a cessé
de jouir ce beau pays.

Le zélé pontife a réuni, pendant une semaine
entière, autour de la chaire de son église métropolitaine, cinq à six mille hommes. « Il nous semble encore, nous écrivait un de ses plus fervents
auditeurs, l'entendre parler à cette foule attendrie,
de ses intérêts, de ses espérances, de la
vraie liberté des enfants de Dieu; lui faire com-
prendre que la religion seule peut lui donner le
bonheur, et réconcilier ainsi tous les hommes

avec Dieu et avec la société. Pas une femme n'é-
tait, dans ces graves circonstances, admise dans
le saint lieu. »

Mgr l'archevêque de Bordeaux a une physio-
nomie noble et douce ; sa voix est sympathique ;
ses manières sont polies et aisées ; son esprit est
parfait : tout son extérieur respire la bonté de
son cœur et la grandeur de son âme. Sa familia-
rité est digne ; ses reparties vives. Indépendant
avec les grands, il est simple avec le pauvre :
c'est bien le ministre de Dieu, l'homme qui se
doit tout à tous.

Étant archevêque de Bordeaux, Mgr Donnet
voulut revoir son pays natal et la commune d'Irigny où il avait, pour la première fois, exercé le
ministère sacerdotal. Ce fut une joie dans toute
la contrée, et les habitants d'Irigny se portèrent
en foule au-devant de lui. Après les compliments
du curé et du maire, un vieux vigneron s'avança
résolument et dit :

« Votre élévation, Monseigneur, ne m'a point
étonné ; je vous attendais là, et j'espère, avant de
mourir, entendre dire quelque chose qui ne me
fera pas moins de plaisir ; et ce que l'on admire
surtout en vous, Monseigneur, c'est que vos
grands talents, pas plus que vos grandes dignités,
ne vous ont pu enfler le cœur. »

Les paroles de ce bon villageois méritent d'être

remarquées. En rendant hommage à la bienveillance et à l'affabilité de l'éminent prélat, il n'a
été que l'interprète de l'opinion publique. Mais
ce qui lui appartient en propre, c'est la prédic-
tion déjà réalisée, et que nous avons faite aussi,
des hautes dignités qui attendaient Mgr Donnet
dans un prochain avenir Cette puissance mer-
veilleuse de sagacité et d'intuition ne prouverait-
elle pas que Dieu choisît parfois de préférence,
pour leur communiquer ses desseins, les âmes les
plus simples et les plus naïves?

Depuis longtemps, le chef de l'Église a montré,
par les plus hautes marques d'estime, l'opinion
qu'il a conçue des qualités et des vertus de
Mgr Donnet. Par un bref, en date du 7 février
1840, Sa Sainteté Grégoire XVI lui a conféré le
titre de commandeur de l'ordre de Saint-Grégoire-
le-Grand, l'a fait noble et comte du Saint-Empire.
Par le même bref, il lui a décerné le titre de
prélat assistant au trône pontifical.

Le successeur de Grégoire XVI, l'immortel
Pie IX, lui a donné un témoignage plus éclatant
encore de son estime et de sa sympathie parti-
culières, en l'élevant à la dignité de cardinal.

On sait que la cérémonie de l'imposition de la
barette a eu lieu à Paris le 4 avril dernier. Nos
lecteurs se souviennent sans doute des détails de
cette solennité, qui fut un grand événement pour

la capitale. Nous nous abstiendrons de reproduire des faits qui sont universellement connus.
Mais on nous saura gré de citer textuellement
le beau discours que Son Éminence Mgr le cardinal de Bordeaux adressa dans cette circonstance
au chef de l'État.

« MONSEIGNEUR ,

» La religion rappelée dans nos temples, la justice
recouvrant sa majesté et ses droits, la paix intérieure
maintenue au milieu des guerres du dehors, la patrie,
enfin, arrachée subitement à l'incendie, au pillage, à
l'extermination; telles sont les premières impressions de
ma vie; et celui à qui mon pays a dû ces bienfaits portait
votre nom. La France n'est pas ingrate; car, cinquante ans
plus tard, ce nom, acclamé tout à coup comme un
souvenir et comme une espérance, court des cités aux
campagnes, et se transforme deux fois, en deux faits immenses, par l'élan le plus spontané et le plus irrésistible
dont l'histoire des peuples ait gardé la mémoire

» Il faudrait avoir banni Dieu du gouvernement des
choses d'ici-bas, pour n'y pas reconnaître les desseins de
la Providence, se révélant , tout à tour, sévère et miséri-
cordieuse. Trop peu de jours nous séparent de la tourmente qui vient de secouer le monde pour que nous
ayons pu oublier que la confusion était partout; *que les
institutions chancelaient comme dans les vapeurs de l'ivresse
et que la terre tremblait sur ses fondements* (PS. 110, V. 9.).

» Quelques heures ont suffi , et la France prouve à
l'Univers qu'elle n'est anarchique que par surprise. Et la
nation se souvient qu'elle n'a été forte, libre et fière que

sous un chef en qui elle se sent vivre et qui la personnifie, comme vous, Monseigneur, au milieu de ses intérêts les plus chers.

» J'ai voulu acquitter la dette de mon pays avant d'acquitter ma dette personnelle. Vous m'avez désigné à la bienveillance du Pontife suprême, et me voilà aujourd'hui membre du sacré collége, associé à l'œuvre de l'immortel Pie IX, dont il pourra m'être donné dans quelques circonstances, d'alléger les peines, de partager les travaux. Je ne verrai, dans cette auguste dignité et dans le droit qu'elle me confère de siéger au Sénat, qu'une obligation plus étroite de travailler au bien de l'Église et à celui de la France, comme je n'ai vu, dans l'honneur de succéder à un saint archevêque, que l'obligation de continuer, sous la pourpre romaine et dans tous les actes de ma vie, la mission apostolique de l'illustre cardinal de Cheverus, de si douce mémoire! Ce nom seul ne rappelle-t-il pas ce que la simplicité a de plus touchant, la charité de plus tendre, le dévouement de plus sublime ?

» Si la société semble menacer ruine de toutes parts, c'est qu'il lui manque une autorité morale qui la retienne et la ravive; vous avez voulu, Monseigneur, par l'adjonction au Sénat de quelques membres de l'épiscopat français, renverser le mur de séparation que l'on avait cru, dans ces derniers temps, devoir élever entre le sacerdoce et les pouvoirs humains. « Si le clergé n'a pas été exilé avec » Charles X, disait M. Guizot à la tribune, dans les premiers temps de la révolution de 1830, il a été détrôné avec lui. »

» Nous n'exprimons aucune plainte; nous ne jetons aucun regard de tristesse sur notre passé; nous ne demandons pas *qu'on fasse notre royaume de ce monde*; mais pourrait-on nous en vouloir de payer à la chose publique, dans toutes les occasions, le tribut de notre expérience et de notre dévouement ?

» Un temps a existé où la France ne se plaignait pas de voir quelques uns de ses intérêts les plus graves remis au patriotisme de ses pontifes; elle était fière que la tribu sainte fournît, non seulement des apologistes à la foi, mais donnât, en abondance, des maîtres pour toutes les sciences, des jurisconsultes , des hommes d'État. Peut-être y aurait-il aujourd'hui, comme autrefois, quelque avantage, à ce que l'Église et le monde se vissent de plus près? Ce contact entre des personnes dont les intentions sont les mêmes, ces rapports de bienveillance , cette communauté de travaux, cet échange de pensées utiles prouveraient à notre siècle que le clergé se nourrit d'autre chose que de regrets et d'espérance, et quel précieux usage l'Église sait faire de la liberté quand elle lui est loyalement rendue. Un clergé dominateur répugne à toutes les idées reçues, un clergé pieux, éclairé, conciliateur, est de tous les pays, de tous les temps.

» Que les nobles âmes s'unissent donc, que tous les bons esprits s'entendent, que l'Église n'ait pas à subir de nouvelles entraves, qu'on se montre sans défiance à son égard, et chacun dans notre sphère, nous ferons servir notre action morale au rétablissement des idées de justice, d'autorité si fatalement obscurcies dans l'anarchie des révolutions ; nous avions, en effet, perdu le respect ; cette parole qui a eu un grand retentissement dans le monde est à elle seule, l'explication la plus complète et la plus énergique de la maladie qui nous tourmente ; ce respect, dont l'absence se fait si douloureusement sentir, il faut le remettre en honneur, si nous voulons travailler avec quelques chances de succès, à l'œuvre si difficile et si importante de la régénération sociale.

» La Providence, Prince, qui vous a aidé si puissamment à encourager tant d'entreprises utiles, à opérer tant de réformes, à secourir tant de misères, à *replacer*, enfin, *la pyramide sur sa base*, ne voudra pas laisser son œuvre inachevée, et donnera à tous les pouvoirs de l'État la sagesse et la force nécessaires pour consolider un ordre de choses qui assurera le bonheur de notre patrie et le repos de l'Europe. »

Voici les paroles qui ont été adressées au prince Chigi par le cardinal de Bordeaux, à la même occasion :

« **MONSEIGNEUR L'ABLÉGAT,**

» **Vous avez vu, en traversant une partie de notre France et pendant votre séjour dans la capitale, que Dieu a béni le Prince magnanime qui a sauvé Rome, et la grande nation qui a concouru, avec un si religieux enthousiasme, au retour de Pie IX dans la ville éternelle.**

» **Vous porterez au S Père l'expression de ma reconnaissance, de ma vénération, de mon amour. Le choix qu'il a daigné faire de votre personne pour m'apporter la barette cardinalice a, dit-on, rencontré, dans votre humilité plus grande encore que l'illustration de votre origine, une résistance qui n'a cédé que devant l'expression de la volonté du vicaire de Jésus-Christ.**

» **Vous n'aviez quitté le siècle avec ses honneurs et ses richesses que pour vivre caché dans la maison de Dieu, et travailler, comme simple missionnaire, au salut des âmes. Il est beau d'avoir voulu donner au monde cet exemple d'abnégation. Une voix auguste à laquelle il n'est jamais permis de résister pourra vous arracher à une carrière que vous auriez désiré fournir tous les jours de votre vie. Ce sacrifice vous le consommerez aussi, persuadé que de toutes les immolations, la plus agréable au Seigneur est celle de la volonté (*Melior est obedientia quam victima*). »**

A ce discours, qui a eu un immense retentissement dans toute la France, il nous est doux de
joindre les excellents résultats de la dernière fête
des Quarante-Heures, à Saint-Sulpice.

Tous ceux qui aiment le noble et le beau, sa-
vaient que Son Eminence, le cardinal Donnet,
devait, par son éloquence persuasive, sauver des
âmes et les ramener dans la route du bien. Aussi,
avant l'heure de la cérémonie, le vaste temple de
Saint-Sulpice semblait-il déjà trop étroit pour con-
tenir les nombreux fidèles que le nom seul de
Mgr de Bordeaux avait attirés. De délicieuses
émotions ont pénétré le cœur de tous ceux qui
sentent vivement des beautés que, ni le temps, et
ni les révolutions n'ont la puissance d'anéantir; et
celui qui a eu l'insigne malheur de les méconnaître un moment, saisit presque toujours l'occasion
de se convertir, parce que, dans la religion seulement, l'homme trouve le bonheur vrai, qu'il
chercherait vainement ailleurs.

Voici un exemple frappant de la joie qu'on
éprouve quand on revient à celui qui, dans son
immense amour pour l'humanité, a tout donné
pour elle.

Quelques instants avant le sermon, nous avons
entendu le dialogue suivant, entre un déiste et un
sceptique : Le déiste se disait magistrat, et ajoutait qu'à son âge on pouvait, sans manquer à **son**

devoir, se dispenser d'aller à l'église pour y voir célébrer *des inutilités*. Mais, ajoutait-il encore, le *grand orateur* dont le nom était dans toutes les bouches avait piqué ma curiosité ; c'est pourquoi vous me voyez ici. — Le sceptique disait impérieusement, en élevant la voix : Moi, de mon côté, comme il y a plus de quinze jours que mes nuits sont pleines d'insomnie, je suis venu, pressé par ma digne femme, avec la certitude de trouver ici un narcotique puissant, et c'est, je crois, ce que vous allez voir bientôt. — Un troisième ami fit cesser cet indécent dialogue en les priant, avec un accent chaleureux, de vouloir bien attendre, et que, très probablement, il y aurait un grand changement opéré en eux. Ces paroles les firent sourire, et, dès l'apparition de l'orateur, si impatiemment attendu par une foule compacte, le déiste et le sceptique s'inclinèrent et prirent l'attitude de celui qui est vaincu par le sommeil. Mais à la fin de l'exorde de Son Eminence, le magistrat déiste fit un petit mouvement pour demander au sceptique s'il avait entendu le remarquable début oratoire de Mgr Donnet. Après une courte réponse du sceptique, ils fixèrent respectueusement le prédicateur, qu'ils continuèrent d'écouter avec une attention soutenue.

Un mouvement sublime du savant prince de l'Eglise produisit sur les deux Voltairiens une vive et profonde impression, ressentie par tout l'auditoire.

« .....Vous nous demandez, s'écria-t-il, comment l'Eglise est encore debout ; permettez que je vous demande, à mon tour, comment vous vous y prendriez pour la faire tomber ; aussi, vous vois-je vous presser tous autour d'elle , comme on fait dans un grand naufrage auprès du dernier mât qui résiste. C'est pour nous un grand honneur que ce retour du siècle, et c'est déjà un grand pas que de voir la force propre de l'Eglise reconnue, en attendant qu'on reconnaisse sa vérité.

» Ah ! nos très-chers frères, les désordres matériels qui nous affligent , les souffrances qu'amoncèlent nos révolutions sont étroitement liés au désordre profond de nos idées et de nos mœurs. S'il existe encore une force au monde , c'est la religion. Action efficace, disons-nous, car la puissance visible d'une doctrine n'est ni dans les richesses dont elle dispose , ni dans l'appui qu'elle peut recevoir de la force matérielle ; elle est tout entière dans le concours des consciences humaines. Or , le catholicisme seul a conservé cette domination des âmes à un plus haut degré qu'on ne le pense.

» Revenez donc à lui, nos très-chers frères !

Où trouverez-vous, hors de lui, ce repos après lequel tout être vivant soupire ? » . . . . . .

. . . .

Ces admirables paroles, accompagnées du prestige des moyens extérieurs et des inspirations de la foi, émurent profondément l'auditoire d'élite de Saint-Sulpice.

Notre déiste et notre sceptique en furent si vivement impressionnés, qu'ils témoignèrent, par un aveu qui les honore, leur sincère retour aux enseignements de leur jeunesse.

Les trois amis disaient en sortant du temple et jusqu'à la place Saint-Sulpice, où nous les avons suivis de près, guidés que nous étions par une pardonnable curiosité :

« Quel puissant orateur ! Quelle entraînante éloquence ! Quelles considérations élevées et quelles preuves irrésistibles ! Quelle vigueur, quelle science et quelle onction à la fois !...Quelle belle tête ! Un visage si jeune sous des cheveux blanchis bien avant l'âge par ses travaux apostoliques, qui ont laissé dans la plupart des villes de France des traces profondes et d'ineffaçables souvenirs »

Nos observations psycologiques et morales se sont arrêtées là, parce que nous désirions ardemment arriver, au plus tôt, dans nos familles, pour y porter les joies pures et vraies que donnent les récits de tout ce qui se rattache à notre divine religion.

Le 14 mai dernier, Mgr Donnet rentrait à Bordeaux au milieu des manifestations de respect et d'amour des populations qui se pressaient de toutes parts sur son passage. Voici en quels termes le journal *La Guienne* signale les incidents de cette cordiale réception :

« Son Eminence le cardinal Donnet, archevêque de Bordeaux, a fait hier son entrée dans notre cité selon le programme tracé par MM. les vicaires-généraux, et conformément au décret que nous avons publié relativement aux honneurs publics dus en pareils cas à la dignité d'un prince de l'Église. A onze heures et demie, le clergé de la ville s'est rendu processionnellement de l'église primatiale à l'entrée du pont, où, par les soins de M. le curé de Saint-Michel, avait été dressée une estrade magnifique ornée de draperies rouges. Un bataillon du 46e, un fort détachement des chasseurs en garnison à Bordeaux, une batterie d'artillerie et des gendarmes à cheval se tenaient aux abords du pont et sur la place Bourgogne, où stationnait une foule immense, accourue de toutes les parties du diocèse.

» A midi, douze coups de canon ont annoncé l'arrivée de son Eminence. Quelques instants après, le vénérable prélat s'est agenouillé au pied de l'autel placé devant l'Arc-de-Triomphe. Il a revêtu l'étole, baisé la croix qui lui a été présentée et fait une prière. Puis la musique du 46ᵉ, placée auprès de l'estrade, a fait entendre une symphonie, et l'imposant cortége s'est mis en marche. Il était ouvert par des gardes municipaux à cheval, chargés d'écarter la foule qui se pressait sur tout le parcours, depuis la porte des Salinières jusqu'à la place Rohan. Le clergé était précédé des chasseurs, des élèves de l'École de marine, de M. l'abbé Sabatier et de plusieurs compagnies de la ligne.

» Les congrégations religieuses, les élèves du grand et du petit séminaire, tous les ecclésiastiques attachés aux diverses paroisses de la ville. MM. les curés, de toutes les partiesdu diocèse et le chapitre, formaient la procession, à l'extrémité de laquelle marchait, ayant à ses côtés MM. les vicaires-généraux, son Eminence le Cardinal-Archevêque, la mître en tête, avec le camail rouge et le rochet sur la soutane rouge. La foule devenait plus compacte à mesure que le cortége avançait dans la direction des fossés de Bourgogne. Un grand nombre d'enfants étaient présentés à chaque instant à Son Eminence qui les bénissait avec un affable empressement.

» Trois compagnies de la ligne et les artilleurs fermaient la marche. Le cortége a parcouru ainsi les Fossés, a passé par les rues Ségur et des Minimes, et est entré par la porte Rohan dans la cathédrale, au son du bourdon de l'Hôtel-de-Ville et des cloches des paroisses . Il est tombé en ce moment une assez forte pluie qui, pourtant, n'a troublé en rien l'ordre de cette belle cérémonie.

» Les autorités civiles et militaires ont pris place dans le sanctuaire. On y remarquait M. le maire, MM. les adjoints et plusieurs membres du Conseil municipal, M. le général commandant la division, Fieffé de Lièvreville, entouré de son état-major, M. Dosquet, secrétaire-général de la préfecture, le premier président de la Cour d'appel et le président du Tribunal de première instance, à la tête de leurs compagnies, MM. les chefs de l'administration des douanes, MM. les juges de paix, MM. les consuls des puissances étrangères, les professeurs des Facultés et tous les autres fonctionnaires publics de Bordeaux.

» Arrivé dans le sanctuaire, Son Eminence est monté sur son trône, et M. Gignoux, premier vicaire-général, lui a adressé un discours qui a produit la plus vive impression.

» Son Eminence a improvisé la réponse suivante :

» En évoquant les souvenirs si glorieux du passé de l'église de Bordeaux, vous n'avez fait, Monsieur et bien aimé collaborateur, qu'alarmer ma faiblesse; on peut succéder aux Béthune, aux Cicé, aux Rohan, aux d'Aviau, aux Chéverus, il n'est donné à personne de les remplacer. Croyez que je sais distinguer cependant les paroles que dicte le cœur de celles que commandent les bienséances et l'usage. Je veux le dire bien haut, je serais malheureux dans ce jour qu'on pourrait appeler un des plus glorieux de mon existence, si je n'avais la ferme conviction que le cœur de mes bien-aimés diocésains a fait tous les apprêts de cette grande solennité. L'affection de mes enfants en retour de celle que je leur ai vouée, voilà ce que je désire, voilà ce que j'ambitionne. Je n'eusse pu accomplir dans les deux diocèses successivement confiés à ma sollicitude pastorale, la grande mission dont vous avez bien voulu rappeler quelques actes, sans le concours d'un clergé intelligent et dévoué, et sans la coopération de tous les administrateurs avec lesquels il m'a été donné d'établir des rapports si bienveillants.

» Recevez donc, prêtres, magistrats, guerriers, membres du corps enseignant, chefs de nos principales maisons de commerce, respectables consuls des divers États que vous représentez si noblement, mes remercîments sincères pour le bien que vous m'avez si puissamment aidé à opérer dans ce beau diocèse.

» J'acquitterai ma dette envers vous, car vous aussi avez besoin, sinon de ma personne, du moins du ministère saint que j'ai à continuer au milieu de vous et pour vous. Les honneurs, les richesses ne sauraient vous rendre heureux. Recourez donc aux lumières, aux consolations que vous ne trouveriez nulle autre part que dans la religion ; la dignité de cardinal ne serait rien pour moi si elle ne me donnait de nouvelles facilités de faire le bien, de sécher une larme de plus. Ne craignez point que la position qui m'est faite soit capable de rien changer à la simplicité de mes goûts, ni de retrancher une heure aux travaux que j'ai remplis jusqu'ici avec tant de bonheur au milieu des campagnes les plus reculées et les plus modestes.

» Puissent les vœux que je forme pour votre bonheur, monter au Ciel et redescendre sur vous comme une céleste bénédiction. »

» Après cette allocution de Son Eminence, ajoute le même journal, on a entonné le *Te Deum*, qui a été suivi de la bénédiction pontificale. Cette cérémonie s'est terminée par un *Laudate* exécuté avec un admirable ensemble par les chœurs de la cathédrale, composés de quatorze voix d'hommes et de trente-quatre voix d'enfants, sous la direction de l'excellent maître de chapelle de cette église.

» Mgr le Cardinal-Archevêque a été ensuite conduit processionnellement à son palais archi-épiscopal, dans la cour duquel deux compagnies de la ligne se tenaient sous les armes. Toutes les autorités s'y sont immédiatement rendues pour présenter leurs hommages et leurs félicitations au vénérable pontife, et les visites ont continué longtemps après. »

Un des actes les plus importants qui aient signalé, depuis cette époque, l'administration de Son Eminence, ce sont deux lettres adressées à

Mgr l'évêque d'Orléans sur la question si délicate et si controversée de l'intervention de la presse religieuse dans les affaires de l'Église et l'emploi des classiques anciens dans les établissements d'instruction publique. Le premier document qui n'était point destiné à la publicité, a été mis en lumière par le *Pays*. Ce journal en doit la communication à une personne qui, après l'avoir lu, a considéré comme un devoir de le livrer à l'impression. Voici les principaux passages de cette lettre dictée dans un esprit de prudence et de sagesse auquel on ne peut que rendre hommage.

« ... Je n'ai pas attendu jusqu'à ce jour pour déplorer avec vous, Monseigneur, les inconvénients de l'intervention de la presse dans les questions religieuses, tout en reconnaissant avec Votre Grandeur les services qu'elle a rendus et qu'elle peut rendre encore à la cause de l'Eglise.

» Il est utile, sans aucun doute, à une époque où les choses les plus saintes sont traduites chaque matin au tribunal de l'opinion publique, qu'à côté des organes qui les attaquent, d'autres s'élèvent pour les défendre. Mais avec ses avantages, la polémique entraîne ses périls qu'il faut savoir reconnaître pour les conjurer.

» Dans des luttes si ardentes, si passionnées, qui ne s'interrompent le soir que pour recommencer le matin, et dont la vivacité ne laisse pas toujours à la réflexion le choix des moyens, il est difficile d'espérer que la cause de la vérité, de la religion, de l'Église, soit toujours soutenue avec la dignité, la mesure et les tempéraments que réclament de si graves intérêts ; il est difficile d'espérer que les besoins de la défense, le désir d'atténuer un blâme par une louange, une critique par un encouragement, ne portent pas quelquefois un journal à abuser des témoignages de sympathie qu'il a reçus et ne l'entraînent pas à faire intervenir dans la polémique des noms qui doivent y rester étrangers, à opposer un évêque à un évêque, à se prévaloir ainsi d'un suffrage imposant, pour établir des doctrines, demander des actes, provoquer des décisions, susciter, en un mot, des partis qui entravent l'autorité des pontifes dans l'administration de leurs diocèses.

. . . .

» Tous ces périls ont, à juste titre, Monseigneur, éveillé votre sollicitude, comme ils sont devenus de graves motifs de préoccupation pour nos vénérables collègues, qui sauront se concerter sur les moyens de prévenir les écarts de la presse religieuse, s'opposer à ses empiétements, maintenir leur autorité dans toute son indépendance et à l'abri de toute usurpation.

» Mais, j'en ai aussi le ferme espoir, ces mesures nécessaires ne dépasseront pas le but proposé. En prévenant les abus, elles n'interdiront pas l'usage, elles surveilleront l'emploi de l'instrument, elles ne le briseront point, car, s'il est malheureusement vrai que la presse religieuse soit tombée parfois dans de graves écarts, il n'est pas moins incontestable qu'elle ait souvent bien mérité de l'Eglise..... »

Une seconde lettre, sur le fond même du sujet, vient d'être publiée par tous les journaux ; elle nous a paru d'une telle importance que nous croyons devoir la donner ici dans son entier. C'est avec bonheur que nous la laisserons accompagnée des judicieuses réflexions de l'éminent publiciste, Justin Dupuy, rédacteur en chef de l'excellent journal de *la Guïenne* :

« La question traitée dans la lettre remarquable qu'on va lire est de la plus haute importance ; elle mérite de fixer l'attention des pères de famille et de ceux qui sont chargés d'enseigner la jeunesse.

» Son Eminence l'a abordée avec un sens aussi droit qu'élevé. Elle ne veut d'exagérations d'aucune sorte, et demande qu'on reste dans le vrai, en faisant la part des écrivains profanes et celle des auteurs sacrés. La littérature payenne peut tourner au bien de la religion, si elle est expliquée par des maîtres chrétiens ; c'est ce que Son Em. le cardinal-archevêque dit ici avec un

bonheur d'expression et une rectitude de juge-
ment que le lecteur remarquera à chaque ligne
de cette lettre, à laquelle un sage esprit de conciliation donne un mérite de plus. Mais, pour la
louer dignement, il faut la citer.

*Deuxième Lettre de Son Eminence le cardinal-archevêque
de Bordeaux, à Mgr l'évêque d'Orléans.*

« Paris, le 5 juillet 1850.

» MONSEIGNEUR,

» Dans ma première lettre, j'avais exposé quelques
considérations générales sur le sujet que vous aviez traité
dans votre mandement du 31 mai. J'arrive aujourd'hui au
fond même de la question·

» Pour l'apprécier à son vrai point de vue, il ne faut
pas oublier les circonstances qui l'ont fait naître.

» Après vingt années de luttes, l'Église et la famille ont
reconquis la liberté d'élever leurs enfants comme elles
l'entendent. Nous nous sommes enfin trouvés en possession
de ce droit si longtemps contesté. Je dis nous, Monseigneur, car il m'est permis de revendiquer ma faible part
dans cette précieuse conquête.

» Les hommes, pénétrés de l'importance des principes religieux, sans lesquels il ne peut y avoir de véritable
éducation, devaient, avant tout, chercher si ces principes
occupaient, dans le système actuel de l'enseignement, la
place qui leur appartient, et, dans le cas contraire, s'ef-
forcer de la leur restituer.

» Telle est, en effet, la marche qui a été suivie, et je
m'en réjouis, car on a rendu, par là, son véritable caractère à une lutte si longue et si vive; on a démontré, aux

yeux de tous, qu'en demandant la libre concurrence, le clergé était mu, non par un sentiment d'ambition jalouse et de rivalité inquiète, mais par le besoin d'améliorations que les familles chrétiennes réclamaient impérieuse-ment.

» Renfermé dans ces sages limites, l'esprit de réforme n'eût rencontré que des sympathies et des approbations ; mais à peine s'est-on mis à l'œuvre, que l'exagération s'en est mêlée, et que les hommes les plus désireux de faire une large part, dans l'éducation, à l'élément chrétien, ont reculé devant la responsabilité des mesures provoquées.

» Comme vous, Monseigneur, j'en ai compris les dangers, et je reste convaincu que, la première émotion passée, la vérité seule triomphera.

» La contradiction est de tous les temps. Les diverses opinions soulevées sur la question de l'enseignement ne sont pas nouvelles; elles se sont produites maintes fois sans arrêter le progrès des sciences, sans troubler l'Église ni l'État.

» En vérité, parce qu'il aura plu à quelques hommes sincères, mais ardents, de dire que pour sauver la société, il faut revenir aux méthodes du moyen-âge, et presque bannir des écoles Homère et Virgile , Horace et Cicéron; parce qu'on fera peu de cas du XVII⁰ siècle, devons-nous craindre que de pareilles assertions ne produisent un schisme dans nos écoles? De quelque manière qu'on envisage la question, à qui persuadera-t-on que des évêques, en conservant les auteurs anciens dans leurs sé-minaires, travaillent à faire des païens de leurs jeunes lé-vites, ou que tel chef d'institution religieuse que nous pourrions nommer, rendra plus chrétiens ses élèves, en rayant du cadre des études , la littérature des siècles d'Auguste et de Périclès.

» Ce sont des opinions qu'il suffit d'énoncer pour en caractériser la portée. On les pardonnera à l'entraînement de la discussion auquel les meilleurs esprits résistent difficilement.

» Toutefois, Monseigneur, il est bon que personne ne puisse arguer du silence de l'Épiscopat, et l'autorité de votre parole est venue à temps pour combattre l'exagération des uns et enlever aux autres de nouveaux prétextes d'accusation contre l'Église, qui, depuis son origine et à travers tous les âges, s'est montrée la gardienne des saines études, la protectrice des sciences et des lettres.

» Mais il est à désirer que cette polémique ne se prolonge pas, que la discussion, au lieu de s'égarer dans de stériles récriminations, s'attache au côté vrai des choses, et que les hommes pratiques préparent une solution qui concilie tous les intérêts et satisfasse toutes les exigences.

» Je suis, en effet, persuadé, Monseigneur, qu'entre les partisans sérieux des deux opinions, tout dissentiment tend à s'effacer. On se prêtait de part et d'autre, les pensées des parties extrêmes; on se combattait sur ces limites dernières, sans s'apercevoir qu'on poursuivait en réalité le même but, et qu'il était très facile de s'entendre.

» Je m'estimerais heureux si je pouvais contribuer à cet accord. L'autorité que me donne une tendre prédilection pour la jeunesse et la sollicitude dont je n'ai cessé de l'entourer dans les différentes positions que la Providence m'a faites, m'assure quelques titres pour intervenir et apporter une parole de conciliation dans ce débat, dont l'origine et les progrès tiennent à des considérations que je vais brièvement rappeler.

» L'éducation doit former l'homme tout à la fois pour la cité des cieux et pour la cité de la terre.

» Développer parallèlement ses facultés, c'est-à-dire en

faire un élu pour le ciel, un citoyen pour la patrie, tel est le double but de l'éducation.

» Ces idées tout élémentaires, vieilles comme le monde, éternelles comme la vérité, absolues dans leur nécessité, ont cependant été méconnues dans l'organisation de l'enseignement et dans quelques uns des projets élaborés sur cette grave matière.

» Les uns, ne tenant aucun compte des destinées du chrétien, n'ont songé qu'au développement des facultés les plus superficielles de l'enfant, pour en faire plus tard un littérateur, un artiste, un homme du monde, n'ignorant rien de ce qui peut être utile jusqu'à la tombe, mais s'inquiétant fort peu de ce qui nous attend au-delà.

» D'autres, préoccupés exclusivement de notre avenir immortel, ont semblé oublier que l'homme a une mission à remplir sur la terre, une part à prendre aux affaires d'ici-bas, et qu'il est obligé, pour devenir un instrument utile entre les mains de la Providence, de s'y préparer par l'étude des sciences et par des travaux d'un autre ordre.

» De là, dans l'éducation, prédominance de l'élément purement naturel chez les uns, prédominance trop exclusive de l'élément religieux chez les autres.

» De là, accusation d'obscurantisme, d'idées stationnaires ou rétrogrades de la part de ceux-ci, accusation de paganisme, de matérialisme, d'impiété de la part de ceux-là.

» Il est certain que depuis longtemps la part faite dans l'éducation à l'influence religieuse a laissé trop à désirer, et que ce défaut a été la source des vices qui affligent la société. Il est certain encore que ce mal remonte très haut, et que le culte presque exclusif qu'à une certaine époque on rendait à la beauté des formes et de l'expression, porta une profonde atteinte à la direction chrétienne de l'éducation.

» Aussi, tous les bons esprits ont-ils fini par réagir contre cette influence trop mondaine , et par essayer un commencement de réforme indispensable.

» Mais c'est ici qu'un zèle imprudent, outrepassant le but, a opposé à une exagération une exagération compromettante, a méconnu les temps, confondu les époques, et, pour échapper au péril d'une éducation purement littéraire, a semblé vouloir la rendre uniquement religieuse , sans tenir compte des exigences de la vie civile, des besoins d'une société terrestre, politique, temporelle.

» Ces prétentions ont été doublement regrettables, et parce qu'elles n'étaient pas fondées , et parce qu'elles étaient inopportunes. Elles sont venues troubler un travail lent, mais réel, qui s'opérait de toutes parts dans les maisons d'éducation ; elles ont provoqué des accusations toujours fâcheuses, alors même qu'elles sont ridicules, contre les véritables amis de la jeunesse chrétienne , au moment où ils cherchaient, par de progressives réformes, par de prudentes améliorations, à concilier tous les intérêts, en conservant les grands écrivains de Rome et d'Athènes, et en y joignant tout ce qui peut servir de modèle dans les auteurs sacrés.

» Il est à remarquer, Monseigneur, que cette question des auteurs, qui n'était que secondaire, est devenue à elle seule tout le débat, lequel n'a fait que s'envenimer, au milieu des textes et des autorités contradictoires. Il semble cependant que la distinction bien simple établie plus haut doive résoudre la question. S'agit-il de former le chrétien, d'élever, comme parle saint Paul, *l'homme intérieur,* où chercher la lumière, la science, la règle, si ce n'est dans les auteurs sacrés ? Qui donc peut demander aux païens le texte d'un enseignement religieux, d'une prédication évangélique ?

5.

» Mais s'agit-il, et c'est la seconde et indispensable partie d'une éducation complète, d'élever l'*homme extérieur,* l'homme de son temps, de son pays, d'orner son intelligence, de lui former le style et le goût, où chercher des maîtres et des modèles plus complets que dans les œuvres de Démosthènes et de Tacite, d'Homère et de Virgile, d'Hérodote et de Thucydide, de Tite-Live et de Cicéron? A celui qui aurait la pensée de supprimer l'étude des lettres profanes, nous demanderions où il pourrait étudier le génie et la beauté des langues anciennes, ailleurs que chez ceux dont vingt siècles d'admiration ont proclamé la gloire. Que l'on y joigne, je le reclame hautement, l'étude comparée des auteurs sacrés ; nous admirerons le nombre et le mouvement dans saint Jean-Chrysostôme, l'élégance et l'onction dans saint Bazile, saint Grégoire de Naziance et saint Paulin-de-Bordeaux ; la suavité et la délicatesse dans saint Bernard, le génie et la verve dans saint Augustin, la vigueur dans saint Jérôme. Mais prenons-y garde, en dehors de ce qui est doctrine, science théologique, idée philosophique, controverse, toutes choses au-dessus de la portée de la première jeunesse, nous trouverions avec peine dans les Pères latins les éléments du premier enseignement littéraire. Cependant quelques hommes versés dans la connaissance des chefs-d'œuvre chrétiens, ont déjà cherché à résoudre ce problème ; ils nous trouveront disposés à applaudir au succès de leurs efforts.

» Si les auteurs païens, tels qu'on les met aux mains de la jeunesse, présentent encore aujourd'hui des passages dangereux pour les mœurs, la politique et la foi, quoi de plus facile, sans soulever de si grandes tempêtes, que d'être plus sévère qu'on ne l'a été jusqu'ici, que de retrancher un passage, une églogue, une ode, un livre même, si on le croit nécessaire. L'église ne recommande-t-elle pas les mêmes précautions pour les livres sacrés, et met-elle indifféremment entre les mains des fidèles tout l'ancien testament?

» Que si la question se réduit en termes plus simples encore, s'il ne s'agit que d'apprendre aux enfants les éléments des langues grecque et latine, dans tels auteurs ou dans tels autres, il me paraît indifférent qu'au défaut des auteurs sacrés, l'enfant apprenne les règles de la syntaxe dans les textes profanes; ni la grammaire ni la foi ne se trouvent en cause.

» Non, ce n'est pas le choix des livres, ce n'est pas même celui des méthodes qui importe le plus. Le vrai danger, comme le vrai remède, est dans le choix des maîtres qui expliquent les livres et emploient les méthodes. Tout le monde le sait et on l'oublie trop. Le meilleur livre devient un instrument dangereux entre les mains d'un mauvais maître. La meilleure méthode reste stérile avec un professeur inhabile. Le maître sage, instruit et dévoué, trouve des perles dans Ennius, et fait du procédé de Lancastre une excellente méthode d'enseignement. Expliqués, commentés par Bossuet, Fénélon, Rollin, Bourdaloue, les auteurs païens peuvent efficacement servir à former des générations fidèles et éclairées. Expliqués, interprétés par des maîtres incrédules, les pères de l'Eglise, les livres sacrés eux-mêmes deviendraient peut-être un texte de blasphêmes, d'impiétés. A-t-on oublié la *Bible enfin expliquée* de Voltaire, et son *Histoire de l'établissement du Christianisme*?

» Gardons les auteurs païens, pour tout ce qu'ils ont d'inoffensif et d'éloquent. Servons-nous des auteurs sacrés, dans tout ce qu'ils ont de simple, de grand ou de sublime. Mais surtout, avant tout, choisissons les maîtres, formons des maîtres. C'est un art si difficile, si délicat, si complexe, que celui d'élever la jeunesse. Les corporations religieuses consacraient, ainsi que l'Université, dix à douze ans à former un régent de logique ou de rhétorique, qui était arrivé du monde avec une expérience déjà longue et un savoir éprouvé. Renouons les traditions de la vieille pédagogie.

» Il ne suffit pas d'être zélé, pieux, dévoué à ses devoirs, pour remplir la mission d'instituteur. Il faut un long apprentissage, des connaissances solides et variées.

» Je peux le répéter encore, formons des maîtres. Que dans le silence, à l'ombre du sanctuaire, dans l'étude des textes sacrés et profanes, des sciences exactes et naturelles, se préparent de nombreuses et fortes générations de professeurs dévorés de l'ambition du bien, du zèle de la science et du salut des âmes, et nous aurons mieux mérité de l'Eglise et de la société, qu'en faisant redire à tous les échos de la presse quotidienne nos apparentes divisions.

» Il est temps qu'elles cessent et ne détournent plus de leur voie pratique, ceux qui ont pris à cœur la régénération sociale par l'éducation de la jeunesse.

» Elever la jeunesse, c'est assurer l'avenir du pays. Apprendre aux enfants à servir Dieu et à fournir dignement la carrière qui leur sera marquée par la Providence, tel doit être le but de nos efforts, et celui-là reste au-dessus de toutes les contestations, de tous les doutes, celui-là est uniquement nécessaire. *In necessariis unitas.*

» Employons à l'atteindre tout ce que Dieu a mis à la disposition de l'homme, prenons toutes les voies légitimes, usons de toutes les méthodes raisonnables, servons-nous du profane et du sacré, du vrai partout où il se trouve, du beau de quelque part qu'il vienne ; laissons chacun libre dans ses moyens, pourvu qu'il tende à la même fin, *in dubiis libertas.*

» Et parmi ces méthodes, au milieu de ces efforts variés et dans cette libre concurrence, restons unis par les liens de la charité, par une sincère et mutuelle indulgence, par un support vraiment chrétien, *in omnibus charitas.*

» Ainsi nous accomplirons notre tâche, en ce siècle d'attente et de réparations, comme le moyen-âge a glorieusement rempli la sienne. Longtemps on l'a méconnu et calomnié. Nul, désormais, ne songe à lui contester ses titres à la reconnaissance des peuples : ces titres sont la barbarie vaincue, les déserts défrichés et peuplés, les cités bâties, l'ordre social reconstruit, les lettres divines et païennes conservées, les monuments littéraires de l'antiquité pieusement recueillis, un art merveilleux d'architecture révélé au monde et auquel nous devons les cathédrales de Bourges, de Metz et d'Amiens, les flèches de Strasbourg, de Chartres et de Bordeaux.

» Mais son œuvre est achevée ; il a été réhabilité dans l'opinion des hommes ; on ne saurait le faire revivre. Chaque époque a sa mission. La nôtre aussi sera grande et glorieuse, si nous savons l'accomplir, non en empruntant au moyen-âge des usages, des méthodes qui ont fait leur temps, mais en consultant les besoins du siècle et en appliquant à son amélioration et à son bonheur véritable les découvertes du génie moderne, en conservant surtout au milieu de cette agitation féconde, et c'est là notre rôle, l'esprit de foi qui sanctifie toutes choses et dont le triomphe définitif sera la gloire de ce siècle, qu'il ne faut ni méconnaître, ni calomnier.

» Vous avez été des premiers, Monseigneur, à préparer ce triomphe ; vous l'assurerez, j'en ai la conviction, en travaillant à réconcilier, dans la charité de Notre-Seigneur Jésus-Christ, les volontés et les intelligences de tous ceux qui ont *une même foi, un même Seigneur, un même baptême.*

» C'est le vœu le plus ardent de mon cœur.

» Veuillez agréer, Monseigneur, l'assurance de mes sentiments les plus dévoués.

» † FERDINAND, cardinal DONNET,
» archevêque de Bordeaux. »

Après l'acte si énergique et si décisif du 2 décembre, Mgr Donnet s'est empressé de prêter le concours de son influence et de son autorité morale au prince qni venait de sauver la France de l'anarchie. Dans une lettre pastorale à l'occasion des prières demandées par le président de la République, Mgr l'archevêque de Bordeaux s'exprimait ainsi :

« En affermissant et en prolongeant, par plus de sept millions de suffrages, l'autorité de Louis-Napoléon, qui n'a pas voulu que la France pérît entre ses mains, nous n'avons pas encore tout fait. La reconnaissance et notre intérêt nous imposent un autre devoir. Nous avons vu tant d'institutions passer, tant de nations mourir comme des individus : recourons donc au Roi immortel des siècles. Prions ; pour le chrétien , prier, c'est aimer ses frères, et, s'il le fallait, se sacrifier et mourir pour eux ; prier, c'est être du grand parti de Dieu, de l'Eglise, de la société. »

Ces paroles ont trouvé de l'écho dans tous les cœurs.

Les cardinaux français ayant été appelés par la nouvelle Constitution à faire partie du Sénat, il n'est pas sans intérêt de constater l'influence qu'ils ont exercée sur les délibérations de ce grand corps politique. Mgr Donnet a pris au sérieux ces hautes fonctions ; il est du nombre de ceux qui ont assisté le plus régulièrement à toutes les séances. Nommé à l'unanimité président de son bureau, il a concouru aux travaux de plusieurs commissions, et , dans diverses circonstances, les intérêts de la religion et du catholicisme ont trouvé en lui un défenseur chaleureux. Ses observations au sujet de la célébration du dimanche produisirent une profonde sensation. A l'occasion d'un rapport du budget dont il avait présidé la commission, il a fait ressortir , avec autant de force que de justesse , l'insuffisance du traitement des vicaires-généraux et des chanoines de nos cathédrales.

Des questions d'un autre ordre ont révélé toute

la solidité, toute l'étendue de ses connaissances. Lors de la discussion relative au chemin de fer de Bordeaux à Cette, et de Bordeaux à Bayonne, il prononça un discours qui fut constamment écouté avec attention et intérêt. En l'entendant, chacun put se convaincre qu'il n'était resté étranger à aucune des questions les plus importantes et les plus délicates de l'économie politique.

Dans la séance du 5 juillet, Son Eminence crut devoir prendre la parole à propos d'une pétition sur le rétablissement du cadre de réserve pour les officiers de terre et de mer. Dans cette discussion qui laissera des souvenirs ineffaçables, Mgr Donnet prêta, de concert avec son honorable collègue, Mgr le cardinal de Besançon, l'appui de sa parole à l'armée française, si indignement traitée par les citoyens niveleurs de **1848**, auxquels les funestes événements avaient donné une victoire éphémère.

On nous saura gré de reproduire, d'après un témoin auriculaire digne d'une entière confiance, ce discours où la solidarité des défenseurs de la patrie et des ministres de la religion est démontrée avec une éloquente énergie.

« MESSIEURS LES SÉNATEURS,

» Je ne devrais rien ajouter aux paroles de

mon vénérable collègue Son Éminence le Cardinal de Besançon ; je suis fier et heureux de la manifestation dont il vient de faire retentir cette enceinte ; mais je crois devoir aller plus loin, c'est-à-dire, associer tout le clergé français à la noble protestation de Son Eminence contre la mesure aussi injuste qu'impolitique prise en 1848 contre MM. les officiers-généraux de terre et de mer.

» Il y a, MM. les Sénateurs, une espèce de solidarité entre l'armée et l'Eglise, qui vous expliquera pourquoi je viens encore prendre la parole. Il me semble que nous ne vous avons pas assez dit notre estime profonde, toutes nos sympathies pour les illustrations guerrières de notre époque. Ne sommes-nous pas frères en dévouement ? L'amour de la discipline, l'esprit de subordination nous sont communs. Je trouve d'ailleurs, parmi les plus illustres de mes prédécesseurs sur le siége de Bordeaux, un lieutenant-général de la création d'Henri IV, et un amiral qui commanda longtemps notre flotte sous Louis XIII ; le cardinal François de Sourdis, de sainte et glorieuse mémoire, et Henri de Sourdis, son successeur immédiat, restèrent l'un et l'autre sur les cadres de l'armée active jusqu'au moment de leur mort, arrivée, pour le premier, en 1628, pour le second en 1642. Le bruit des camps, — puisque les

mœurs de l'époque permettaient une telle alliance entre des choses si opposées, — ne leur
fit point oublier les devoirs de la charge pastorale. Mon diocèse est encore plein du souvenir
des œuvres charitables qu'ils fondèrent. Le
bourdon de l'église métropolitaine de Bordeaux
avait été fait avec les canons pris par l'un d'eux
sur les ennemis de la France ; 93 ne respecta pas
plus cette relique de nos sanctuaires que les autres.

» Qu'on laisse donc , comme on le faisait autrefois, comme on le fait encore aujourd'hui dans
les différents Etats de l'Europe, le nom de nos
braves figurer sur les cadres de l'armée de réserve.

» Je vote, en conséquence, pour le renvoi de
la pétition de quelques officiers-généraux de l'armée de terre et de mer. »

Dernièrement Mgr le Cardinal de Bordeaux,
est allé officier pontificalement dans l'église de
l'hôpital Saint-Louis. Son Éminence, reçue par
M. l'abbé Denys, a bien voulu visiter dans tous
ses détails cet établissement, un des plus beaux
qu'ait fondés la charité chrétienne. Des malades
en proie aux plus cruelles souffrances se sont ra-
nimés aux paroles du prélat, qui leur prodiguait
à tous des consolations. Cette visite, qui a duré

près de cinq heures, a été marquée par de touchants épisodes. Des enfants, qui venaient de recevoir le baptême ont été bénis par Son Éminence.
Un de ses anciens diocésains, autrefois élève du
séminaire de Nancy, qui se trouvait parmi les
malades de l'hospice a été profondément ému en
revoyant ses traits fortement empreints dans son
souvenir.

Voici encore un incident plein d'intérêt que le
journal l'*Union*, rapporte en ces termes :

« On avait tiré les rideaux du lit d'un malheureux qui venait d'expirer; Son Éminence les ayant
écartés s'est jetée à genoux, ainsi que tous ceux
qui l'accompagnaient, et elle a prié avec un attendrissante ferveur. C'eût été un beau sujet
de tableau pour un peintre, que ce prince de
l'Église agenouillé devant un misérable lit, que la
pourpre romaine se confondant sur le même carreau avec la livrée grisâtre de l'hôpital. »

Nous savons que le chef de l'Etat apprécie particulièrement Mgr Donnet. Il rend un éclatant hommage à ses vertus, à ses talents et à sa profonde
science. Sans doute, il saisira bientôt une nouvelle occasion de lui témoigner hautement ses
sympathies. Il existait autrefois, dans l'Eglise de
France, une éminente dignité que la Révolution

avait abolie, et que le génie organisateur de Napoléon avait fait revivre: c'est la dignité de grand aumônier. Il appartient au prince Président d'en demander au Souverain Pontife le rétablissement. Si cette dignité était conférée à son Éminence Mgr le Cardinal de Bordeaux, il acquerrait de nouveaux droits à l'estime du monde chrétien, et donnerait une nouvelle preuve de sa fidélité aux grandes traditions impériales.

Tisseron,

Directeur en chef des *Archives des Hommes du Jour,*

ET DE SAINTE-VALLIÈRE,

Avocat.

PARIS.— IMPRIMERIE DE MADAME DE LACOMBE, RUE D'ENGHIEN, 14.